リック式「右脳」メソッド

ヤバいくらい使える

日常生活必修

英単語

リック西尾

リーディング

1回読み通したらワンチェック。

1 40回に挑戦!!	2	3	4
9	10	11	12
17	18	19	20
25	26	27	28
33	34	35	36

チェック チャート
さあ40回のリーディングに挑戦!!

5	6	7	8
13	14	15	16
21	22	23	24
29	30	31	32
37	38	39	40

ゴールおめでとう!!

リック式メソッドの原理

英語ができない三大原因

ヒアリングができないため

私たちが英語を耳にするとき、「何を言っているのか、さっぱりわからない」という現実に直面します。言葉を聞き取れずして、英語を習得するのは不可能です。にもかかわらず、私たちは、今までの英語学習でヒアリングの訓練をおろそかにしがちでした。ですから、**私たちの脳には、英語の音声と言葉を認識する神経回路が形成されていないのです。**

英語を日本語に翻訳して理解するため

私たちは英語を理解するのに、一度日本語に翻訳してから理解します。だれもこのことを疑おうとはしません。しかし実は、このことこそが、日本人を英語のできない民族にしてしまった最大の原因なのです。日本語は日本語で考え理解するように、英語は英語で考え理解する。これが正しい方法なのです。今まで私たちは、英語の学習過程で、とにかく英語を日本語に翻訳し理解することに力を入れてきました。そのことが、**私たちの脳に英語に対する複雑な神経回路を形成してしまったのです。**

右脳を活用しないため

私たちが英単語を記憶するとき、大変な困難と苦痛が伴います。そのことで、英語の習得に挫折した人も少なくありません。私たちは、疑問を持つことなく英単語の暗記に努力してきましたが、ここにも重大な欠陥があります。実は、**私たちは、ほとんど右脳を活用せず、非合理的な方法で記憶をしてきたのです。**

右脳を活用しない従来の記憶法

右脳と左脳のはたらき

　まず、右脳と左脳のはたらきについて考えてみます。大脳は右脳と左脳の二つに分かれており、それが脳梁(のうりょう)によって結ばれ、情報が伝達される仕組みになっています。右脳は「イメージ脳」、左脳は「言語脳」といわれ、両方の脳がお互いに役割を分担し、協力しながら脳の機能をつかさどっています。

右　脳		
	非言語的	知識は、イメージを通して獲得される。
	全体的	問題を全体的に見て、飛躍的な洞察を行う。
	想像的	空想や想像をつかさどる。
	芸術的	絵画や音楽を鑑賞する。

```
          ┌─ 言語的   読んだり、書いたり、話したり
          │          する能力をつかさどる。
  左 脳 ──┼─ 分析的   理性的、分析的な側面がある。
          ├─ 直線的   情報は一つずつ順番に処理される。
          └─ 数学的   数字や記号は左脳で理解される。
```

言葉の性質について

次に、言葉の性質について考えてみます。言葉は基本的に二つの要素から成り立っています。一つは文字情報（表音・表記）の部分、もう一つはイメージ情報の部分で、この二つは表裏一体の関係にあります。
具体的に、「定規」という言葉を例にとって図式化すると、以下のようになります。

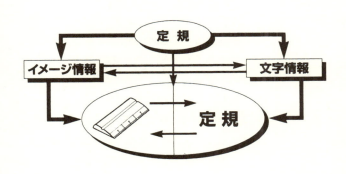

言葉と脳の関係

では、言葉と脳のかかわりはどのようになるのでしょうか。下記の図式のように、イメージ情報は右脳に、文字情報は左脳に分けられて、それぞれの脳に記憶されます。

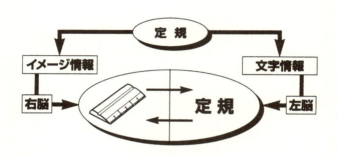

右脳のはたらきを疎外したテスト

ではここで、右脳を使わない記憶がいかに大変であるかを知るためのテストをしてみたいと思います。

右脳のはたらきを抑えることは、イメージの伴わない言葉を覚えることによって体験できます。イメージの伴わない言葉として、無意味な言葉があげられます。次の文章を記憶してみてください。

●意味の無い言葉

> すましうろくもてとはとこるすくおきをごんたいえ

いかがですか。イメージの伴わない左脳だけの記憶が、いかに大変かということがおわかりいただけたと思います。

ちなみに、上記の言葉にイメージが加わると、記憶力は一気に飛躍します。

ひらがなを逆から読むと、

えいたんごを　きおくすることは　とてもくろうします

となります。

従来の英単語の記憶法

それでは、私たちの従来の英単語の記憶法は、どうして右脳のはたらきを疎外してきたのでしょうか。それを分析してみますと、以下のようになります。

1　「ruler」という英単語の文字を認識

2　対訳の「定規」という日本語と照合

3　ruler・定規　ruler・定規　ruler・定規
　　ruler・定規　ruler・定規　ruler・定規
　　ruler・定規　ruler・定規　ruler・定規

4 「ruler」＝「定規」が脳に定着するまで記憶の作業を反復する

これを図式化すると次のようになります。

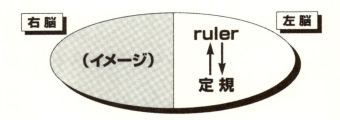

図式を見ていただくと、よくわかります。これだと**左脳内において表音表記の文字だけで記憶の作業が反復され、イメージが活用されていません**。つまり、右脳のはたらきがフリーズ状態のまま、記憶の作業が繰り返されていることになります。左脳だけの記憶がいかに大変かは、先ほどのテストで実験済みです。したがって、このような方法で記憶することは、非常に困難がつきまとい、また成果も上がらないのです。

では、どうすればよいのでしょうか。

リック式メソッドによる記憶法

まずは、図式を見てください。

すでに私たちは、膨大な数の日本語を記憶しています。それはすなわち、その数の**概念化されたイメージを、右脳に記憶している**ことを意味します。そのイメージを右脳から出力して、英単語の文字と合わせるのです。

それを実現するためには、どうすればよいのか。次の文章をお読みください。

まっすぐにrulerを使って線を引く

この文章を読むと、前後の文章からruler が何であるかイメージできます。つまり、**短い文章を通し右脳から定規のイメージが出力される**のです。そのイメージとruler を結合するのです。右脳におけるイメージを活用すると、記憶力が飛躍的に増すということは、先ほどのテストで実験済みです。理解を深めるために、もう少し例文をお読みください。

●例文（**本文より**）

髪をとかすcomb
暗がりを照らすflashlight
食品を冷たくして保存するrefrigerator
目の酷使で弱くなったeyesight
人の死でとり行うfuneral
食品の腐敗を防ぐpreservative

いかがですか？　例文を読むと、英単語のイメージが浮かんできませんか。右脳に眠っているイメージが、呼び起こされたのではないでしょうか。

また、この方法だと、rulerを定規と理解しなくても、rulerをそのまま英語で理解することが可能になります。英語を日本語に翻訳して理解するという私たちの悪い習慣から脱皮することができます。

ちなみに、英語をそのまま理解することを、実は、私たち日本人は無意識に行ってきました。次の表をご覧ください。

ビギナー　エンターテーメント　トレンド
パートナー　パーフェクト　オペレーター
マナー　スピーチ　レギュラー　サポート
オピニオン　ニーズ　リーダー　リサーチ
クリエイト　セオリー　システム……

これらは外来語ですが、いちいち日本語の対訳と合わせながら覚えたわけではありません。ビギナーをビギナーとして、オピニオンをオピニオンとして、初めから自然に覚えたものばかりです。

本書の利用法

まず英単語の発音を習得していただくために、音声データを用意しています。まずはそれをPCやスマホにダウンロードしてください。

※ダウンロードは16頁及び表紙の袖に記載された方法に従って行ってください。

音声は各ページの見出しと英単語のみが録音されています。とてもシンプルです。日本語の対訳はついていません。それをすると従来型の左脳を使った記憶法になるからです。

まずは英単語を何度も聴いて、英単語の発音を耳から覚えてください。口に出して発音すればより効果的です。

後はその意味が分かれば、英単語の記憶は完成です。しかも英単語を日本語に還元しないで意味を覚えたことになります。

続いて英語の意味の記憶は本書を読んでおこないます。

本書は、**文章を読みながら英単語のイメージが浮かぶように工夫してつくられていま**

す。イメージを優先しているため、多少の不自然な文章はお許しください。
左ページの文章を読みながら英語の意味をイメージで捉えるようにして、右ページの対訳は、あくまで確認程度にとどめてください。
最初は日本語の意味を確認する必要がありますが、慣れてきたら左ページだけを読みながら英語の意味を右脳で覚えていきます。ただ、ピアノやゴルフの習得を考えてみればおわかりいただけると思いますが、何をするにも反復作業は必要な条件です。2～3回の反復でマスターを望むこと自体、非科学的なことです。英単語の記憶においても同じことが言えます。
この本は、1ページごとの読み切りにし、無駄な文章をいっさい省き、テンポよくリズミカルに読み進められるように工夫がこらされています。

チェックチャートが本書の巻頭に用意されていますので、できれば40回を目安に、そこに記入しながら読み返してください。
慣れてくれば1時間で1冊読み通すことができ、早い人で40日足らずで、これから

アメリカや海外の生活で必要な日常生活の英単語1500をマスターすることが可能です。

過去、受験で苦労された皆様が、この本を通して英単語習得が非常に容易であることを実感されるに違いありません。

リック西尾

> **すべての単語の音声入り**
> **無料音声**
> （1〜4倍速対応）
> **ダウンロード**
> スマホでも聴けます！

本書の単語の音声は、パソコン・スマホ・タブレット端末のいずれでも無料でご利用いただけます。ダウンロードの詳細は、下記をご参照ください。

http://kklong.co.jp/seikatsu

下のQRコードからもアクセスできます。

■2倍速、3倍速、4倍速でチャレンジしてみよう！

　最初は通常のスピードで英文を聞き、声に出して下さい。少し慣れてきたら2倍速でチャレンジして下さい。それにも慣れてきたら3倍速に、さらに4倍速にまでチャレンジして下さい。

　やっているうちに左脳の自意識が薄れ、情報が右脳に定着しやすくなります。右脳に定着した英語の情報が左脳につながれば、いつでも理解し表現ができるようになります。そして自然に英語が口から出てくるようになります。

　このチャレンジの過程で、日本語という振動数の低い言語に慣れ切っていた聴覚が鋭くなってくるのが分かります。聴覚が敏感になることによって、振動数の高い英文を聞き取る力が高まります。

　試しに、高速に慣れてきたら、少しスピードを下げてみてください。以前は聞きにくかった英文がハッキリ聞こえ、いつの間にか右脳に定着しているのが実感できるはずです。

〈指導・制作〉
一般社団法人エジソン・アインシュタインスクール協会
　　　　　　　　　　　　　　　　　代表　鈴木昭平

CONTENTS

リーディングチェックチャート ……………………………… 2
リック式メソッドの原理 ……………………………………… 4

❶ 海外旅行 …………………………………………… 22
❷ エアポート ………………………………………… 24
❸ 出入国審査 ………………………………………… 26
❹ 観光旅行 …………………………………………… 28
❺ 観光地 ……………………………………………… 30
❻ ホテル ……………………………………………… 32
❼ 乗り物 ……………………………………………… 34
❽ 列車 ………………………………………………… 36
❾ 銀行口座の開設 …………………………………… 38
❿ 銀行の窓口サービス ……………………………… 40
⓫ 銀行のローン ……………………………………… 42
⓬ 住居エリア ………………………………………… 44
⓭ アパートの賃貸契約 ……………………………… 46
⓮ ハウス ……………………………………………… 48
⓯ 家具 ………………………………………………… 50
⓰ 家電製品 …………………………………………… 52
⓱ キッチン …………………………………………… 54
⓲ バスルーム ………………………………………… 56
⓳ 公共料金 …………………………………………… 58
⓴ 電話 ………………………………………………… 60
㉑ 郵便 ………………………………………………… 62
㉒ 郵便局 ……………………………………………… 64
㉓ 運転免許証の取得 ………………………………… 66

㉔交通	68
㉕交通法規	70
㉖自動車ディーラー	72
㉗自動車の購入	74
㉘自動車の各部名称	76
㉙自動車の修理	78
㉚交通事故	80
㉛保険	82
㉜家族	84
㉝時の表現	86
㉞天気予報	88
㉟天候	90
㊱街の通り	92
㊲街の建物	94
㊳公園	96
㊴田園	98
㊵農場	100
㊶掃除と洗濯	102
㊷テレビ番組	104
㊸野球中継	106
㊹新聞	108
㊺レストラン	110
㊻映画	112
㊼図書館	114
㊽動物園	116
㊾釣り	118
㊿キャンプ	120
㉛結婚式	122
㉜葬式	124

(53)アメリカの祝日と記念日 …… 126
(54)スーパーマーケット …… 128
(55)食料雑貨店 …… 130
(56)肉屋 …… 132
(57)化粧品店 …… 134
(58)薬局 …… 136
(59)市販の薬 …… 138
(60)おもちゃ屋 …… 140
(61)文房具店 …… 142
(62)金物店 …… 144
(63)書店 …… 146
(64)書籍のジャンル …… 148
(65)眼鏡店 …… 150
(66)デパート …… 152
(67)ヘアーサロン …… 154
(68)レンタルビデオ店 …… 156
(69)フォトショップ …… 158
(70)いろいろなお店 …… 160
(71)サービス業 …… 162
(72)いろいろな職業 …… 164
(73)会社 …… 166
(74)会社での人間関係 …… 168
(75)会社での仕事 …… 170
(76)いろいろな学校 …… 172
(77)先生と生徒 …… 174
(78)入学時の健康診断と予防接種 …… 176
(79)小学校 …… 178
(80)学用品 …… 180
(81)学校の施設 …… 182

- ㉘教科 184
- ㉙語学 186
- ㉚学校生活 188
- ㉛病院 190
- ㉜診察の申し込み 192
- ㉝診察室 194
- ㉞診療科 196
- ㉟救急車 198
- ㊱顔の各部名称 200
- ㊲人体の名称 202
- ㊳内臓の名称 204
- ㊴病気の症状 206
- ㊵病名① 208
- ㊶病名② 210
- ㊷病名③ 212
- ㊸病気と怪我 214
- ㊹皮膚病 216
- ㊺性器 218
- ⑩出産 220
- ⑩いろいろな犯罪 222
- ⑩犯罪者 224
- ⑩被害届 226
- ⑩警察 228
- ⑩火災 230
- ⑩訴訟 232
- ⑩法廷 234
- ⑩裁判の判決 236

海外旅行

飛行機に乗って外国に行く **overseas travel**

大使館で手続きをする **visa application**

旅行一般の業務を行う **travel agent**

旅行業者が企画する **tour package**

航空会社から購入する **airline ticket**

ビジネスクラスとエコノミークラスで違う **airfare**

一般客が座る割安の **coach**

定期的に行き交う国際間の **liner**

国際便が発着する **international airport**

飛行機を運航する **airlines**

空港で旅行者が大勢集まる **concourse**

頭上に大きく表示される **timetable**

飛行機の搭乗手続きをする **check-in counter**

搭乗手続きカウンターで受け取る **boarding pass**

1

☐ **overseas travel** [òuvərsíːz trǽv(ə)l]	海外旅行
☐ **visa application** [víːzə æpləkéiʃən]	ビザ申請
☐ **travel agent** [trǽv(ə)l éidʒənt]	旅行案内業者
☐ **tour package** [tuər pǽkidʒ]	パック旅行
☐ **airline ticket** [ɛ́ərlàin tíkit]	航空券
☐ **airfare** [ɛ́ərfɛ̀ər]	航空料金
☐ **coach** [koutʃ]	エコノミークラス
☐ **liner** [láinər]	定期旅客機
☐ **international airport** [intərnǽʃ(ə)nəl ɛ́ərpɔ̀ːrt]	国際空港
☐ **airlines** [ɛ́ərlàinz]	航空会社（単数扱い）
☐ **concourse** [káŋkɔːrs]	中央ホール（駅・空港などの）
☐ **timetable** [táimtèibl]	時刻表
☐ **check-in counter** [tʃékìn káuntər]	搭乗手続きカウンター
☐ **boarding pass** [bɔ́ːrdiŋ pæs]	搭乗券

エアポート

空港の一角でおみやげを売る **souvenir shop**（スーヴェニアシャップ）

免税品を販売する **duty-free shop**（デューティフリーシャップ）

飛行機に乗り込む入り口の **boarding gate**（ボーディングゲイト）

機内に持ち込む **carry-on baggage**（キャリアンバゲヂ）

飛行機が離陸して飛び立つ **departure**（ディパーチァ）

座席に備えられた緊急時の **life vest**（ライフヴェスト）

酸欠を防ぐ **oxygen mask**（アクスィヂェン・マスク）

緊急時に脱出する **emergency exit**（エマ〜ヂェンスィエグズィト）

客室乗務員から受ける **in-flight service**（インフライトサ〜ヴィス）

飛行機が目的地に着く **arrival**（アライヴァル）

経度によって時間が違う **time difference**（タイムディフ(ェ)レンス）

飛行機による移動で起きる **jet lag**（ヂェットラッグ）

入国時に合わせる時計の **local time**（ロウカルタイム）

国際線から乗り換える **domestic line**（ドメスティクライン）

2

☐ **souvenir shop** [súːvəniər ʃɑp]	みやげもの店
☐ **duty-free shop** [d(j)úːti fríː ʃɑp]	免税店
☐ **boarding gate** [bɔːrdiŋ geit]	搭乗ゲート
☐ **carry-on baggage** [kǽriàn bǽgidʒ]	機内持ち込み荷物
☐ **departure** [dipɑ́ːrtʃər]	出発
☐ **life vest** [laif vest]	救命胴衣
☐ **oxygen mask** [ɑ́ksədʒən mæsk]	酸素マスク
☐ **emergency exit** [imə́ːrdʒənsi égzit]	非常口
☐ **in-flight service** [ín fláit sə́ːrvis]	機内サービス
☐ **arrival** [əráivəl]	到着
☐ **time difference** [taim díf(ə)rəns]	時差
☐ **jet lag** [dʒet læg]	時差ぼけ
☐ **local time** [lóukəl taim]	現地時潤
☐ **domestic line** [dəméstik lain]	国内線

出入国審査

搭乗前に手荷物を調べる **security screening**
セキュ(ア)リティ スクリーニング

出入国を管理する **immigration control**
イミグレイション コントゥロウル

出入国審査の業務を行う **immigration officer**
イミグレイション オ(ー)フィサァ

空港でスーツケースを受け取る **baggage claim**
バゲヂクレイム

そこで手にする自分の **baggage**
バゲヂ

手荷物受取所の係官に手渡す **baggage claim tag**
バゲヂクレイム タッグ

入国ゲートで受ける **immigration**
イミグレイション

そこで行う **entry formalities**
エントゥリィ フォーマリティズ

入国検査を済ませて通過する **customs**
カスタムズ

そこで行う **customs inspection**
カスタムズ インスペクション

入念に検査する役人である **customs officer**
カスタムズ オ(ー)フィサァ

高級品の持ち込みで手続きする **customs declaration**
カスタムズ デクラレイション

税金が課せられる品物の **taxation article**
タクセイション アーティクル

免税超過分の課税で支払う **customs duties**
カスタムズ デューティズ

3

☐ **security screening** [sikjú(ə)rəti skri:niŋ]	手荷物検査
☐ **immigration control** [ìməgréiʃən kəntróul]	出入国管理
☐ **immigration officer** [ìməgréiʃən ɔ́(:)fisər]	出入国審査官
☐ **baggage claim** [bǽgidʒ kleim]	手荷物受取所
☐ **baggage** [bǽgidʒ]	手荷物
☐ **baggage claim tag** [bǽgidʒ kleim tæg]	手荷物引換券
☐ **immigration** [ìməgréiʃən]	入国審査
☐ **entry formalities** [éntri fɔ:rmǽlətiz]	入国手続き（複数形で）
☐ **customs** [kʌ́stəmz]	税関（単数扱い）
☐ **customs inspection** [kʌ́stəmz inspékʃən]	税関検査
☐ **customs officer** [kʌ́stəmz ɔ́(:)fisər]	税関検査官
☐ **customs declaration** [kʌ́stəmz dèkləréiʃən]	税関申告
☐ **taxation article** [tækséiʃən á:rtikl]	課税品
☐ **customs duties** [kʌ́stəmz d(j)ú:tiz]	関税（複数形で）

観光旅行

日帰りでする旅の **excursion** (イクスカ〜ジョン)

観光でする旅の **travel** (トゥラヴェル)

各地を回る旅の **tour** (トゥア)

短い旅の **trip** (トゥリップ)

長い旅の **journey** (チャーニィ)

船による旅の **voyage** (ヴォイエヂ)

国内を回る旅の **domestic tour** (ドメスティクトゥア)

大勢で行く旅の **group tour** (グループトゥア)

観光地をめぐる旅の **sightseeing tour** (サイトゥスィーイングトゥア)

観光旅行であらかじめ決められた **tourist route** (トゥ(ア)リストルート)

歴史的に有名な観光地の **historic spot** (ヒスト(ー)リクスパット)

観光ツアーに参加する **sightseer** (サイトゥスィーア)

観光客に付き添う **tour conductor** (トゥアコンダクタァ)

旅行を楽しむ **traveler** (トゥラヴ(エ)ラァ)

4

excursion [ikskə́:rʒən]	小旅行（遠足）
travel [trǽv(ə)l]	旅行
tour [tuər]	旅行
trip [trip]	旅行
journey [dʒə́:rni]	旅行
voyage [vɔ́iidʒ]	船旅
domestic tour [dəméstik tuər]	国内旅行
group tour [gru:p tuər]	団体旅行
sightseeing tour [sáitsì:iŋ tuər]	観光旅行
tourist route [tú(ə)rist ru:t]	観光ルート
historic spot [histɔ́(:)rik spɑt]	史跡
sightseer [sáitsì:ər]	観光客
tour conductor [tuər kəndʌ́ktər]	添乗員
traveler [trǽv(ə)lər]	旅行者

観光地

観光客が訪れる **sightseeing spot**

歴史的に有名な観光地の **the sights**

南北戦争が行われた **battlefield**

ワシントンにそびえる **monument**

ワシントン大統領が生まれた **birthplace**

国が保護管理する **national park**

壮大なナイアガラの **falls**

広大なグランド **canyon**

マンハッタンにそびえ立つ **skyscraper**

あざやかなネオンが点滅する **amusement center**

絵画や彫刻が展示された **art museum**

世界中の植物が展示された **botanical garden**

様々な魚が見られる **aquarium**

楽しい乗り物がある **amusement park**

5

☐ **sightseeing spot** [sáitsì:iŋ spɑt]	観光地
☐ **the sights** [ðə saits]	名所旧跡
☐ **battlefield** [bǽtlfi:ld]	戦場
☐ **monument** [mánjumənt]	記念碑
☐ **birthplace** [bə́:rθplèis]	出生地
☐ **national park** [nǽʃ(ə)nəl pɑ:rk]	国立公園
☐ **falls** [fɔ:lz]	滝（複数形で）
☐ **canyon** [kǽnjən]	峡谷
☐ **skyscraper** [skáiskrèipər]	超高層ビル
☐ **amusement center** [əmjú:zmənt séntər]	歓楽街
☐ **art museum** [ɑ:rt mju:zí(:)əm]	美術館
☐ **botanical garden** [bətǽnikəl gá:rdn]	植物園
☐ **aquarium** [əkwé(ə)riəm]	水族館
☐ **amusement park** [əmjú:zmənt pɑ:rk]	遊園地

31

ホテル

旅行で前もってホテルに取る **reservation** (レザヴェイション)

オフシーズンによるホテルの **vacancy** (ヴェイカンスィ)

ホテルが空港で行う **shuttle service** (シャトゥル サ〜ヴィス)

シャトルバスが到着するホテルの **porch** (ポーチ)

荷物をトランクから出す **porter** (ポータァ)

お客を出迎える **bellhop** (ベルハブ)

ベルボーイがお客を案内する **front desk** (フラント デスク)

受付で応対する **receptionist** (リセプショニスト)

手続きのため受付係から渡される **register** (レヂスタァ)

宿泊カードに書き入れる名前の **signature** (スィグナチ(ュ)ア)

前払いする **room charge** (ル(ー)ム チャーヂ)

フロントに預ける **valuables** (ヴァリュ(ア)ブルズ)

夏に室内を冷やす **air-conditioner** (エア コンデイショナァ)

冬に室内を暖める **heater** (ヒータァ)

6

☐ **reservation** [rèzərvéiʃən]	予約
☐ **vacancy** [véikənsi]	空き部屋
☐ **shuttle service** [ʃʌ́tl sə́:rvis]	送迎サービス
☐ **porch** [pɔ́:rtʃ]	玄関（屋根のある）
☐ **porter** [pɔ́:rtər]	荷物係
☐ **bellhop** [bélhàp]	ベルボーイ
☐ **front desk** [frʌnt desk]	フロント
☐ **receptionist** [risépʃənist]	受付係
☐ **register** [rédʒistər]	宿泊カード
☐ **signature** [sígnətʃ(u)ər]	サイン
☐ **room charge** [ru(:)m tʃa:rdʒ]	宿泊料
☐ **valuables** [vǽlju(ə)blz]	貴重品（ふつう複数形で）
☐ **air-conditioner** [ɛ́ərkəndìʃənər]	エアコン
☐ **heater** [hí:tər]	暖房装置

乗り物

移動のための様々な **transportation**

交通手段として使う **vehicle**

路上で拾う **cab**

地下を走る **subway**

長距離を走る **long-distance bus**

長距離バスが止まる **bus terminal**

ローカルバスが停車する **bus stop**

切符を販売する **ticket office**

切符販売員に告げる **destination**

お金を入れて購入する **ticket machine**

販売機から出てくる切符と **change**

切符で便利な **coupon ticket**

通勤客が使う **commuter ticket**

乗客が乗り継ぎをする **transfer**

7

☐ **transportation** [trænspərtéiʃən]		交通手段
☐ **vehicle** [víː(h)ikl]		乗り物
☐ **cab** [kæb]		タクシー
☐ **subway** [sʌ́bwèi]		地下鉄
☐ **long-distance bus** [lɔ́(ː)ŋ díst(ə)ns bʌs]		長距離バス
☐ **bus terminal** [bʌs tə́ːrmənl]		バス発着所
☐ **bus stop** [bʌs stɑp]		バス停
☐ **ticket office** [tíkit ɔ́(ː)fis]		切符売り場
☐ **destination** [dèstənéiʃən]		行き先
☐ **ticket machine** [tíkit məʃíːn]		切符自動販売機
☐ **change** [tʃeindʒ]		おつり
☐ **coupon ticket** [k(j)úːpɑn tíkit]		回数券
☐ **commuter ticket** [kəmjúːtər tíkit]		定期券
☐ **transfer** [trǽnsfəːr]		乗り換え

列車

駅の責任者である **stationmaster**(ステイションマスタァ)

駅で働く **station staff**(ステイション スタッフ)

列車を運転する **engineer**(エンヂニア)

改札口に立つ **ticket examiner**(ティケトイグザミナァ)

乗客が通過する **gate**(ゲイト)

ノンストップ **limited express**(リミティドイクスプレス)

停車駅の少ない **express**(イクスプレス)

各駅に止まる **local train**(ロウカル トゥレイン)

目的地に行くだけの **one-way ticket**(ワン ウェイ ティケト)

行って帰ってくる **round-trip ticket**(ラウンドゥ トゥリップ ティケト)

のんびりした旅に便利な **circular ticket**(サ〜キュラァ ティケト)

誰でも自由に座れる **nonreserved seat**(ナンリザ〜ヴドスィート)

あらかじめ定められた **reserved seat**(リザ〜ヴドスィート)

乗客が座っていない **unoccupied seat**(アンアキュパイドスィート)

8

☐ **stationmaster** [stéiʃənmæstər]	駅長
☐ **station staff** [stéiʃən stæf]	駅員
☐ **engineer** [èndʒəníər]	機関士
☐ **ticket examiner** [tíkit igzæminər]	改札係
☐ **gate** [geit]	改札口
☐ **limited express** [límitid iksprés]	特急列車
☐ **express** [iksprés]	急行列車
☐ **local train** [lóukəl trein]	普通列車
☐ **one-way ticket** [wʌ́n wéi tíkit]	片道切符
☐ **round-trip ticket** [ráund tríp tíkit]	往復切符
☐ **circular ticket** [sə́:rkjulər tíkit]	周遊券
☐ **nonreserved seat** [nànrizə́:rvd si:t]	自由席
☐ **reserved seat** [rizə́:rvd si:t]	指定席
☐ **unoccupied seat** [ʌnákjupàid si:t]	空席

銀行口座の開設

銀行の正面に位置する **window**

銀行で開設する預金の **account**

口座の開設に応対する **savings teller**

一定期間預金する **time deposit**

自由に引き出しができる **savings account**

小切手を使用するための **checking account**

貴重品の保管に便利な **safety-deposit box**

口座の開設のために記入する **form**

口座の開設に必要な **social security number**

自分であることを証明する **identification card**

自分だけが覚えている **personal identification number**

預金の明細が記入される **bankbook**

通帳に記入された **account number**

現金をカードで引き出せる **bank card**

9

window [wíndou]	窓口
account [əkáunt]	口座
savings teller [séiviŋz télər]	預金係
time deposit [taim dipázit]	定期預金
savings account [séiviŋz əkáunt]	普通預金
checking account [tʃekiŋ əkáunt]	当座預金
safety-deposit box [séifti dipázit bɑks]	貸し金庫
form [fɔ:rm]	用紙
social security number [sóuʃəl sikjú(ə)rəti nʌ́mbər]	社会保障番号
identification card [aidèntəfikéiʃən kɑ:rd]	身分証明書
personal identification number [pə́:rs(ə)nəl aidèntəfikéiʃən nʌ́mbər]	暗証番号
bankbook [bǽŋkbùk]	通帳
account number [əkáunt nʌ́mbər]	口座番号
bank card [bæŋk kɑ:rd]	キャッシュカード

39

銀行の窓口サービス

アメリカの通貨単位の **dollar**（ダラァ）

日本円から米ドルに交換する **exchange**（イクスチェインヂ）

紙に印刷された貨幣の **bill**（ビル）

硬貨の **change**（チェインヂ）

最小硬貨の **penny**（ペニィ）

1セントの次に高い **nickel**（ニケル）

5セントの次に高い **dime**（ダイム）

10セントの次に高い **quarter**（クウォータァ）

普通口座に入金する **deposit**（ディパズィト）

預金から出金を引いた **balance**（バランス）

様々な支払いのために切る **check**（チェック）

小切手が冊子になった **checkbook**（チェックブク）

支払いを拒否された **bounced check**（バウンストゥチェック）

夜間も利用できる **automated teller machine (ATM)**（オートメイティド テラァ マシーン）

10

☐ **dollar** [dálər]		ドル
☐ **exchange** [ikstʃéindʒ]		両替
☐ **bill** [bil]		紙幣
☐ **change** [tʃeindʒ]		小銭
☐ **penny** [péni]		1セント貨
☐ **nickel** [níkəl]		5セント貨
☐ **dime** [daim]		10セント貨
☐ **quarter** [kwɔ́:rtər]		25セント貨
☐ **deposit** [dipázit]		預金
☐ **balance** [bǽləns]		残高
☐ **check** [tʃek]		小切手
☐ **checkbook** [tʃékbùk]		小切手帳
☐ **bounced check** [baunst tʃek]		不渡り小切手
☐ **automated teller machine** [ɔ́:təmèitid télər məʃí:n]		自動現金預金支払い機

銀行のローン

銀行にお願いする **debt**（デット）

借り入れするお金の **principal**（プリンスィパル）

元金にかかる **interest**（インタレスト）

金利による年間の **interest rate**（インタレストレイト）

車の購入における **auto loan**（オートゥロウン）

住宅の購入における **housing loan**（ハウズィングロウン）

住宅を購入できる十分な **annual income**（アニュアルインカム）

住宅の購入のために最初に納める **down payment**（ダウンペイメント）

銀行からの資金の **finance**（フィナンス）

融資が可能な **credit line**（クレディトライン）

銀行が行う借り主への **examination**（イグザミネイション）

融資に必要な **condition**（コンディション）

担保としての **mortgage**（モーギヂ）

月々返済する **payment**（ペイメント）

11

debt [det]	借金
principal [prínsəp(ə)l]	元金
interest [ínt(ə)rist]	金利
interest rate [ínt(ə)rist reit]	利率
auto loan [ɔ́:tou loun]	自動車ローン
housing loan [háuziŋ loun]	住宅ローン
annual income [ǽnjuəl ínkʌm]	年収
down payment [daun péimənt]	頭金
finance [finǽns]	融資
credit line [krédit lain]	融資枠
examination [igzæmənéiʃən]	審査
condition [kəndíʃən]	条件
mortgage [mɔ́:rgidʒ]	抵当
payment [péimənt]	支払い

43

住居エリア

居住が許された **residential area**

各自が所有する家や土地の **real estate**

芝生におおわれた広大な **lot**

そこに建つ立派な **residence**

ひときわ目を引く **mansion**

売りに出されている分譲の **condominium**

学生向けに建てられた **studio**

住宅が区分された **block**

それぞれの家に付けられた **house number**

コミュニティーを大切にする **neighborhood**

近くに住む **neighbor**

自然に囲まれた豊かな **surroundings**

治安が気になる地域の **environment**

教育水準が気になる **school district**

12

☐ **residential area** [rèzidénʃəl ɛ(ə)riə]	住宅地域
☐ **real estate** [rí:(ə)l istéit]	不動産
☐ **lot** [lɑt]	敷地
☐ **residence** [rézədəns]	住宅 (立派な)
☐ **mansion** [mǽnʃən]	邸宅
☐ **condominium** [kàndəmíniəm]	分譲マンション
☐ **studio** [st(j)ú:diou]	ワンルームマンション
☐ **block** [blɑk]	区画
☐ **house number** [haus nʌ́mbər]	番地
☐ **neighborhood** [néibərhùd]	近所
☐ **neighbor** [néibər]	近所の人
☐ **surroundings** [səráundiŋz]	環境 (複数形で)
☐ **environment** [invái(ə)rənmənt]	環境 (人的・社会釣)
☐ **school district** [sku:l dístrikt]	学区

45

アパートの賃貸契約

生活にまず必要な **house**

アメリカに来て行う **housing hunting**

家探しで訪ねる **real estate agency**

賃貸に手ごろな **apartment**

アパートを貸す **landlord**

部屋を借りる **tenant**

アパートに住む **resident**

家主と結ぶ **lease**

様々な条件が記された **contract**

賃貸にともなう居住の **regulations**

最初に支払う **security deposit**

月々支払う **rent**

アパートを管理する **super**

管理人に支払う **maintenance fee**

13

☐ **house** [haus]		住まい
☐ **housing hunting** [háuziŋ hʌ́ntiŋ]		家探し
☐ **real estate agency** [rí:(ə)l istéit éidʒənsi]		不動産業者
☐ **apartment** [əpá:rtmənt]		アパート
☐ **landlord** [lǽn(d)lɔ̀:rd]		家主
☐ **tenant** [ténənt]		借家人
☐ **resident** [rézidənt]		居住者
☐ **lease** [li:s]		賃貸契約
☐ **contract** [kántrækt]		契約書
☐ **regulations** [règjuléiʃənz]		規則
☐ **security deposit** [sikjú(ə)rəti dipázit]		敷金
☐ **rent** [rent]		家賃
☐ **super** [s(j)ú:pər]		管理人
☐ **maintenance fee** [méint(ə)nəns fi:]		管理費

ハウス

家族がゆとりをもって住める **two-storied house**

一家だんらんの場である **living room**

居間のある **first floor**

レンガで造られた **fireplace**

シャンデリアを吊す **ceiling**

各自のプライベートな **bedroom**

寝室のある **second floor**

1階から2階に行く **stairs**

衣服が十分に収納できる **closet**

浴槽のある **bathroom**

洗濯機が置かれた **basement**

子供部屋に改造された **attic**

雨つゆをしのぐ **roof**

家の裏に広がる **backyard**

14

☐ **two-storied house** [tu: stɔ́:rid haus]		2階建ての家
☐ **living room** [lívin ru(:)m]		居間
☐ **first floor** [fə:rst flɔ:r]		1階
☐ **fireplace** [fáiərplèis]		暖炉
☐ **ceiling** [sí:lin]		天井
☐ **bedroom** [bédrù(:)m]		寝室
☐ **second floor** [sékənd flɔ:r]		2階
☐ **stairs** [stɛərz]		階段（ふつう複数形で）
☐ **closet** [klázit]		押し入れ
☐ **bathroom** [bǽθrù(:)m]		風呂場
☐ **basement** [béismənt]		地下室
☐ **attic** [ǽtik]		屋根裏部屋
☐ **roof** [ru:f]		屋根
☐ **backyard** [bǽkjá:rd]		裏庭

家具

各部屋に置かれた **furniture**（ファ～ニチァ）

通路に置かれた **cabinet**（キャビネト）

居間に置かれた心落ちつく **foliage plant**（フォウリイヂ プラント）

3人が座れる **settee**（セティー）

ソファーにかけられた **chair throw**（チェアスロウ）

居間を照らす **floor lamp**（フロー(ァ) ランプ）

テーブルに置かれた **ashtray**（アシトゥレイ）

主寝室に置かれた **wardrobe**（ウォードゥロウブ）

お化粧に必要な **dresser**（ドゥレサァ）

ベッドに置かれた **pillow**（ピロウ）

子供部屋に置かれた **chest of drawers**（チェスト(オ)ヴ ドゥロー(ァ)ズ）

子供が寝る2人用の **bunk bed**（バンクベッド）

赤ちゃんをゆすってあやす **cradle**（クレイドゥル）

赤ちゃんが用を足す **potty**（パティ）

15

☐ **furniture** [fə́ːrnitʃər]	家具
☐ **cabinet** [kǽbənit]	飾り棚
☐ **foliage plant** [fóuliidʒ plænt]	観葉植物
☐ **settee** [setíː]	ソファー
☐ **chair throw** [tʃɛər θrou]	ソファーカバー
☐ **floor lamp** [flɔːr læmp]	スタンド
☐ **ashtray** [ǽʃtrèi]	灰皿
☐ **wardrobe** [wɔ́ːrdròub]	洋服ダンス
☐ **dresser** [drésər]	鏡台
☐ **pillow** [pílou]	まくら
☐ **chest of drawers** [tʃest (ə)v drɔːrz]	タンス
☐ **bunk bed** [bʌŋk bed]	二段ベッド
☐ **cradle** [kréidl]	ゆりかご
☐ **potty** [páti]	おまる (口語)

家電製品

生活に欠かせない **electrical appliance**
（イレクトゥリカル アプライアンス）

電気のコードを差し込む **outlet**
（アウトゥレト）

懐中電灯に入れる **battery**
（バテリィ）

室内を照らす **light bulb**
（ライトバルブ）

白い光の **fluorescent light**
（フル(オ)レセントライト）

勉強机を照らす **desk lamp**
（デスクランプ）

テレビ番組を録画する **videocassette recorder**
（ヴィディオウカセットリコーダァ）

テレビのチャンネルをかえる **remote control**
（リモウトコントゥロウル）

室内の空気を浄化する **air cleaner**
（エアクリーナァ）

ご飯を炊く **rice cooker**
（ライスクカァ）

お湯を保温する **electric-powered air-pot**
（イレクトゥリクパウアドエアパット）

コーヒーをいれる **coffee percolator**
（コ(ー)フィパ～コレイタァ）

携帯に便利な電話の **portable cellular telephone**
（ポータブルセリュラアテレフォウン）

電話回線で書類を送る **facsimile machine**
（ファクスィミリィマシーン）

52

16

☐ **electrical appliance** [ilèktrikəl əpláiəns]	電化製品（ふつう複数形で）
☐ **outlet** [áutlèt]	コンセント
☐ **battery** [bǽt(ə)ri]	電池
☐ **light bulb** [lait bʌlb]	電球
☐ **fluorescent light** [flù(ə)rés(ə)nt lait]	蛍光灯
☐ **desk lamp** [desk læmp]	電気スタンド
☐ **videocassette recorder** [vídiòukəsét rikɔ́ːrdər]	ビデオデッキ
☐ **remote control** [rimóut kəntróul]	リモコン
☐ **air cleaner** [ɛər klíːnər]	空気清浄器
☐ **rice cooker** [rais kúkər]	炊飯器
☐ **electric-powered air-pot** [ilέktrik páuərd ɛər pɑt]	ジャーポット
☐ **coffee percolator** [kɔ́(ː)fi pə́ːrkəlèitər]	コーヒーメーカー
☐ **portable cellular telephone** [pɔ́ːrtəbl séljulər téləfòun]	携帯電話
☐ **facsimile machine** [fæksíməli məʃíːn]	ファックス

キッチン

食品を冷たく保存する **refrigerator**
（リフリヂェレイタァ）

アイスクリームを保存する **freezer**
（フリーザァ）

料理をチンする **microwave oven**
（マイクロウェイヴ アヴン）

キッチンの煙を吸い取る **extractor fan**
（イクストゥラクタァ ファン）

お湯を沸かす **kettle**
（ケトゥル）

食器洗いをする **sink**
（スィンク）

水が出る水道の **faucet**
（フォースィト）

食器を入れる **cupboard**
（カバド）

小麦粉などの量を量る **measuring cup**
（メジァリング カップ）

材料の重さを量る **kitchen scales**
（キチンスケイルズ）

肉や野菜を切る **kitchen knife**
（キチン ナイフ）

包丁で切るときに使う **chopping board**
（チャッピングボード）

大根などをすりおろす **grater**
（グレイタァ）

缶詰を開ける **can opener**
（キャン オウプナァ）

17

☐ **refrigerator** [rifrídʒərèitər]	冷蔵庫
☐ **freezer** [frí:zər]	冷凍庫
☐ **microwave oven** [máikrəwèiv ʌ́v(ə)n]	電子レンジ
☐ **extractor fan** [ikstrǽktər fæn]	換気扇
☐ **kettle** [kétl]	やかん
☐ **sink** [siŋk]	流し台
☐ **faucet** [fɔ́:sit]	蛇口
☐ **cupboard** [kʌ́bərd]	食器棚
☐ **measuring cup** [méʒəriŋ kʌp]	計量カップ
☐ **kitchen scales** [kítʃin skeilz]	計量器
☐ **kitchen knife** [kítʃin naif]	包丁
☐ **chopping board** [tʃɑpiŋ bɔ:rd]	まな板
☐ **grater** [gréitər]	おろし金
☐ **can opener** [kæn óup(ə)nər]	缶切り

バスルーム

歯を磨く **toothbrush**（トゥースブラシ）

チューブに入った **toothpaste**（トゥースペイスト）

ヒゲをそる **electric shaver**（イレクトゥリク シェイヴァ）

産毛をそる **safety razor**（セイフティ レイザァ）

髪をとかす **comb**（コウム）

排便で座る **toilet bowl**（トイレト ボウル）

お尻をのせる **toilet seat**（トイレト スィート）

便器をおおう **toilet seat cover**（トイレト スィート カヴァ）

水洗便所で水をためる **water tank**（ウォータァ タンク）

お尻をふく **toilet roll**（トイレト ロウル）

風呂のお湯をためる **bathtub**（バスタブ）

浴槽の水を止める **stopper**（スタパァ）

飛びちるシャワーをさえぎる **shower curtain**（シャウア カ〜トゥン）

体を洗う **soap**（ソウプ）

18

☐ **toothbrush** [tú:θbrÀʃ]	歯ブラシ
☐ **toothpaste** [tú:θpèist]	練り歯磨き
☐ **electric shaver** [iléktrik ʃéivər]	電気カミソリ
☐ **safety razor** [séifti réizər]	安全カミソリ
☐ **comb** [koum]	くし
☐ **toilet bowl** [tɔ́ilit boul]	便器
☐ **toilet seat** [tɔ́ilit si:t]	便座
☐ **toilet seat cover** [tɔ́ilit si:t kÁvər]	便器のフタ
☐ **water tank** [wɔ́:tər tæŋk]	水槽
☐ **toilet roll** [tɔ́ilit roul]	トイレットペーパー
☐ **bathtub** [bǽθtÀb]	浴槽
☐ **stopper** [stápər]	栓
☐ **shower curtain** [ʃáuər kɔ́:rtn]	ビニールカーテン
☐ **soap** [soup]	石鹸 _{せっけん}

公共料金

暮らしに不可欠なガスと **electricity**（イレクトゥリスィティ）

そして **water supply**（ウォータァサプライ）

ガスを管理する **gas company**（ギャスカンパニィ）

電気を管理する **electric power company**（イレクトゥリクパウアカンパニィ）

水道を管理する **water company**（ウォータァカンパニィ）

電気会社が行う **wiring**（ワイ(ア)リング）

水道会社が行う **plumbing**（プラミング）

ガス・電気・水道にかかる **public utility charges**（パブリクユーティリティチャーヂイズ）

使用しなくてもかかる **basic service charge**（ベイスィクサーヴィスチャーヂ）

各会社から送られてくる **bill**（ビル）

請求書に書かれた **billing summary**（ビリングサマリィ）

請求額の **billing detail**（ビリングディテイル）

今回使用した **current charges**（カーレントチャーヂイズ）

料金支払いにおける **due date**（デューデイト）

19

☐ **electricity** [ilèktrísəti]		電気
☐ **water supply** [wɔ́:tər səplái]		水道
☐ **gas company** [gǽs kʌ́mp(ə)ni]		ガス会社
☐ **electric power company** [iléktrik páuər kʌ́mp(ə)ni]		電気会社
☐ **water company** [wɔ́:tər kʌ́mp(ə)ni]		水道会社
☐ **wiring** [wái(ə)riŋ]		電気敷設工事
☐ **plumbing** [plʌ́miŋ]		配管工事
☐ **public utility charges** [pʌ́blik ju:tíləti tʃɑ:rdʒiz]		公共料金
☐ **basic service charge** [béisik sɔ́:rvis tʃɑ:rdʒ]		基本料金
☐ **bill** [bil]		請求書
☐ **billing summary** [biliŋ sʌ́m(ə)ri]		請求概要
☐ **billing detail** [biliŋ ditéil]		請求明細
☐ **current charges** [kɔ́:rənt tʃɑ:rdʒiz]		今回の料金
☐ **due date** [d(j)u: deit]		支払い期日

電話

電話でメッセージを録音する **answerphone**（アンサフォウン）

近所に電話をかける **local call**（ロウカル コール）

遠方に電話をかける **long distance call**（ロ(ー)ング ディスタンス コール）

海外に電話をかける **international call**（インタナショナル コール）

市外電話に必要な **area code**（エ(ア)リア コウド）

国際電話に必要な **country code**（カントゥリィ コウド）

公共施設に設置された **public telephone**（パブリク テレフォウン）

ついたてで仕切られた **telephone booth**（テレフォウン ブース）

電話を管理する **telephone company**（テレフォウン カンパニィ）

電話局で応対する **operator**（アペレイタァ）

電話番号を調べる **telephone directory**（テレフォウン ディレクトリィ）

職業別の **Yellow Pages**（イェロウ ペイヂイズ）

個人別の **White Pages**（(フ)ワイト ペイヂイズ）

電話局に支払う **telephone bill**（テレフォウン ビル）

20

☐ **answerphone** [ǽnsər fòun]	留守番電話
☐ **local call** [lóukəl kɔːl]	市内電話
☐ **long distance call** [lɔ(ː)ŋ dístəns kɔːl]	長距離電話
☐ **international call** [ìntərnǽʃ(ə)nəl kɔːl]	国際電話
☐ **area code** [ɛ́(ə)riə koud]	市外局番
☐ **country code** [kʌ́ntri koud]	国番号
☐ **public telephone** [pʌ́blik téləfòun]	公衆電話
☐ **telephone booth** [téləfòun buːθ]	電話ボックス
☐ **telephone company** [téləfòun kʌ́mp(ə)ni]	電話局
☐ **operator** [ápərèitər]	交換手
☐ **telephone directory** [téləfòun diréktəri]	電話帳
☐ **Yellow Pages** [jélou peidʒiz]	職業別電話帳（複数形で）
☐ **White Pages** [(h)wait peidʒiz]	個人別電話帳（複数形で）
☐ **telephone bill** [téləfòun bil]	電話料金

郵便

郵便局で扱う **mail**（メイル）

国内に出される **domestic mail**（ドメスティクメイル）

海外に出される **international mail**（インタナショナルメイル）

一般的な **ordinary mail**（オーディネリィメイル）

至急配達の **special delivery**（スペシャルディリブ(ァ)リィ）

特別に取り扱う **registered mail**（レヂスタドメイル）

切手不要の **postal card**（ポゥストゥルカード）

絵の入った **picture postcard**（ピクチャポウス(トゥ)カード）

封筒の角に貼られる **stamp**（スタンプ）

記念に発行される **commemorative stamp**（コメモラティヴスタンプ）

コンパクトな包みの **small packet**（スモールパケト）

箱にパックされた **parcel post**（パースルポウスト）

郵便局に支払う **postage**（ポウステヂ）

エリア別に分けられた **Zip code**（ズィップコウド）

21

☐ **mail** [meil]	郵便物
☐ **domestic mail** [dəméstik meil]	国内郵便
☐ **international mail** [ìntərnǽʃ(ə)nəl meil]	国際郵便
☐ **ordinary mail** [ɔ́ːrdənèri meil]	普通郵便
☐ **special delivery** [spéʃəl dilív(ə)ri]	速達郵便
☐ **registered mail** [rédʒistərd meil]	書留郵便
☐ **postal card** [póustl kɑːrd]	官製はがき
☐ **picture postcard** [píktʃər póus(t)kàːrd]	絵はがき
☐ **stamp** [stæmp]	切手
☐ **commemorative stamp** [kəmémərətiv stæmp]	記念切手
☐ **small packet** [smɔːl pǽkit]	小型郵便小包
☐ **parcel post** [páːrsl poust]	小包
☐ **postage** [póustidʒ]	郵便料金
☐ **Zip code** [zip koud]	郵便番号

郵便局

郵便物を取り扱う **post office**

郵便局の責任者である **postmaster**

郵便物の送り主である **sender**

郵便物を受け取る **addressee**

郵便局で押されるスタンプの **postmark**

郵便物を配達する **mailman**

配達人による郵便物の **delivery**

配達した郵便物を入れる **mailbox**

個人のビジネスで活用される **P.O.BOX** (post office box)

送料を別に支払う **postage paid**

重量が規定を超える **excess weight**

送料が足りない **postage due**

引っ越しによる **forwarding address**

配達先がわからない **insufficient address**

22

post office [poust ɔ́(:)fis]	郵便局
postmaster [póus(t)mæstər]	郵便局長
sender [séndər]	差出人
addressee [ædresí:]	受取人
postmark [póus(t)mà:rk]	消印
mailman [méilmæn]	郵便配達人
delivery [dilív(ə)ri]	配達
mailbox [méilbàks]	郵便受け（郵便ポスト）
P.O.BOX [pi: ou baks]	私書箱
postage paid [póustidʒ peid]	送料別納
excess weight [iksés weit]	超過重量
postage due [póustidʒ d(j)u:]	送料不足
forwarding address [fɔ́:rwərdiŋ ədrés]	転送先住所
insufficient address [ìnsəfíʃənt ədrés]	宛先不明

運転免許証の取得

車の運転に必要な **driver's license**

免許の取得で学習する **traffic laws**

覚えなければならない様々な **road sign**

「一時停止」「進入禁止」などの **regulation sign**

「横断歩道あり」「徐行」などの **warning sign**

試験を実施する **DMV** (the Department of Motor Vehicles)

車両管理局での受験の **application**

申し込みのときに記入する **application form**

そこで受ける **written test**

筆記試験に合格して取得する **learner's permit**

路上で行う運転の **practice**

練習後に受ける **road test**

路上試験をパスしてから受ける **eye test**

4年間ある免許証の **valid date**

23

☐ **driver's license** [dráivərz láisns]		運転免許証
☐ **traffic laws** [træfik lɔ:z]		交通規則
☐ **road sign** [roud sain]		道路標識
☐ **regulation sign** [règjuléiʃən sain]		規制標識
☐ **warning sign** [wɔ́:rniŋ sain]		警戒標識
☐ **DMV** [di: em vi:]		車両管理局（陸運局）
☐ **application** [æpləkéiʃən]		申し込み
☐ **application form** [æpləkéiʃən fɔ:rm]		申込書
☐ **written test** [rítn test]		筆記試験
☐ **learner's permit** [lə́:rnərz pə́rmit]		運転練習許可証（仮免許証）
☐ **practice** [præktis]		練習
☐ **road test** [roud test]		路上試験
☐ **eye test** [ai test]		視力検査
☐ **valid date** [vǽlid deit]		有効期間

交通

歩道を歩く **pedestrian**（ペデストゥリアン）

歩行者が渡る **pedestrian crossing**（ペデストゥリアン クロ(ー)スィング）

歩行者が持っている **right-of-way**（ライト(オ)ヴウェイ）

道が重なる **crossing**（クロ(ー)スィング）

信号機が設置された **intersection**（インタセクション）

道路の通行を整理する **traffic light**（トゥラフィク ライト）

赤信号、黄信号、そして **green light**（グリーン ライト）

道路を中央で分ける **median strip**（ミーディアン ストゥリップ）

道路の幅を区切る **lane**（レイン）

追い越しできる **passing lane**（パスィング レイン）

追い越し禁止の **solid double line**（サリド ダブル ライン）

フリーウェイの道路わきの **shoulder**（ショウルダァ）

一方からしか通れない **one-way**（ワン ウェイ）

先へ行けない **dead end**（デッド エンド）

24

pedestrian [pidéstriən]	歩行者
pedestrian crossing [pidéstriən krɔ́(:)siŋ]	横断歩道
right-of-way [rait (ə)v wei]	優先権
crossing [krɔ́(:)siŋ]	十字路
intersection [ìntərsékʃən]	交差点
traffic light [trǽfik lait]	信号
green light [gri:n lait]	青信号
median strip [mí:diən strip]	中央分離帯
lane [lein]	車線
passing lane [pǽsiŋ lein]	追い越し車線
solid double line [sálid dʌ́bl lain]	二重実線
shoulder [ʃóuldər]	路肩
one-way [wʌn wei]	一方通行
dead end [ded end]	行き止まり

交通法規

ドライバーが従わなければならない **traffic restriction**

ドライバーが犯す交通法規の **violation**

駐車禁止場所における **illegal parking**

警官に切られる **ticket**

装着しなければならない車の **seat belt**

守らなければならない **speed limit**

55マイルに制限された車の **speed per hour**

制限速度を超える **speeding**

事故を誘発する **drunk driving**

飲酒運転は明らかな **against the law**

飲酒運転で起こる **traffic accident**

飲み干されたアルコールの **beverage container**

警官による道路わきでの **drunk drivers test**

アルコール分を調べる **chemical test**

25

☐ **traffic restriction** [træfik ristrík∫ən]		交通法規
☐ **violation** [vàiəléi∫ən]		違反
☐ **illegal parking** [ilí:g(ə)l pá:rkiŋ]		駐車違反
☐ **ticket** [tíkit]		違反切符
☐ **seat belt** [si:t belt]		シートベルト
☐ **speed limit** [spi:d límit]		制限速度
☐ **speed per hour** [spi:d pər áuər]		時速
☐ **speeding** [spí:diŋ]		スピード違反
☐ **drunk driving** [drʌŋk dráiviŋ]		飲酒運転
☐ **against the law** [əgénst ðə lɔ:]		違法
☐ **traffic accident** [træfik æksədənt]		交通事故
☐ **beverage container** [bévəridʒ kəntéinər]		飲料容器
☐ **drunk drivers test** [drʌŋk dráivərz test]		飲酒検査
☐ **chemical test** [kémikəl test]		化学検査

自動車ディーラー

自動車を販売する **car dealer**（カーディーラァ）

中古車を販売する **used-car dealer**（ユーズドカーディーラァ）

道路に掲げられた大きな **signboard**（サインボード）

車のディーラーで販売する **automobile**（オートモビール）

人が乗車する **passenger car**（パセンヂァカー）

新しく発売された **new model**（ニューマドゥル）

すでに他人が使った **used car**（ユーズドカー）

1000ccクラスの **compact car**（コンパクトカー）

2000ccクラスの **mid-size car**（ミッドサイズカー）

3000ccクラスの **full-sized car**（フルサイズドカー）

国内で生産される **domestic car**（ドメスティックカー）

海外から輸入される **imported car**（インポーティドカー）

ベンツ、BMWなどの **luxury car**（ラクシュリィカー）

キャンプに使う **camper**（キャンパァ）

26

☐ **car dealer** [kɑːr díːlər]	自動車販売店
☐ **used-car dealer** [juːzd kɑːr díːlər]	中古車販売店
☐ **signboard** [sáinbɔːrd]	看板
☐ **automobile** [ɔ́ːtəməbìːl]	自動車
☐ **passenger car** [pǽsəndʒər kɑːr]	乗用車
☐ **new model** [n(j)uː mádl]	新型車
☐ **used car** [juːzd kɑːr]	中古車
☐ **compact car** [kəmpǽkt kɑːr]	小型車
☐ **mid-size car** [mid saiz kɑːr]	中型車
☐ **full-sized car** [ful saizd kɑːr]	大型車
☐ **domestic car** [dəméstik kɑːr]	国産車
☐ **imported car** [ímpɔːrtid kɑːr]	外車
☐ **luxury car** [lʌ́kʃ(ə)ri kɑːr]	高級車
☐ **camper** [kǽmpər]	キャンピングカー

自動車の購入

車の購入の際に気になる **capacity**
カパス(イ)ティ

エンジンが排出する **displacement volume**
ディスプレイスメント ヴァリュム

力強く走る車の **horsepower**
ホースパウア

ガソリン1リットルで走れる車の **fuel consumption**
フュ(ー)エル コンサン(プ)ション

駆動輪が前輪にある **front-wheel drive**
フラントゥ (フ)ウィール ドゥライヴ

駆動輪が後輪にある **rear-wheel drive**
リア (フ)ウィール ドゥライヴ

中古車で気になる **mileage**
マイリヂ

故障の原因となる **defect**
ディーフェクト

闇で売買される **stolen car**
ストウルンカー

ディーラーがつける車の **guarantee**
ギャランティー

車両管理局への車の **registration**
レヂストゥレイション

登録の際に支払う **registration fee**
レヂストゥレイション フィー

車両のバンパーにつける **license plate**
ライスンス プレイト

車両の安全を調べる **automobile inspection**
オートモビール インスペクション

27

☐ **capacity** [kəpǽs(ə)ti]	性能
☐ **displacement volume** [displéismənt váljum]	排気量
☐ **horsepower** [hɔ́ːrspàuər]	馬力
☐ **fuel consumption** [fjúː(ː)əl kənsʌ́m(p)ʃən]	燃費
☐ **front-wheel drive** [frʌ́nt(h)wìːl draiv]	前輪駆動
☐ **rear-wheel drive** [ríər(h)wìːl draiv]	後輪駆動
☐ **mileage** [máilidʒ]	走行距離
☐ **defect** [díːfekt]	欠陥
☐ **stolen car** [stóulən kɑːr]	盗難車
☐ **guarantee** [gærəntíː]	保証書
☐ **registration** [rèdʒistréiʃən]	登録
☐ **registration fee** [rèdʒistréiʃən fiː]	登録料
☐ **license plate** [láisns pleit]	ナンバープレート
☐ **automobile inspection** [ɔ́ːtəməbìːl inspékʃən]	車検

自動車の各部名称

車のスピードを上げる **accelerator pedal**（アクセラレイタァペドゥル）

スピードを抑える **brake pedal**（ブレイクペドゥル）

ギアをチエンジする **gearshift**（ギアシフト）

駐車時に引く **parking brake**（パーキングブレイク）

車の走行で操作する **steering wheel**（スティアリング(フ)ウィール）

警告で鳴らす **horn**（ホーン）

うしろの状況を確認する **rearview mirror**（リアビューミラァ）

横につけられた **side mirror**（サイドミラァ）

左折・右折のときに操作する **turn signal**（ターンスィグナル）

燃料を確認する **gas gauge**（ギャスゲイヂ）

雨・風を防ぐ **windshield**（ウィンドゥシールド）

小物を入れる **glove compartment**（グラヴコンパートゥメント）

エンジンルームを守る **hood**（フッド）

排気ガスを排出する **exhaust pipe**（イグゾーストパイプ）

28

☐ **accelerator pedal** [əksélərèitər pédl]	アクセル
☐ **brake pedal** [breik pédl]	ブレーキペダル
☐ **gearshift** [gíərʃift]	チェンジレバー
☐ **parking brake** [pá:rkiŋ breik]	ハンドブレーキ
☐ **steering wheel** [stíəriŋ (h)wi:l]	ハンドル
☐ **horn** [hɔ:rn]	クラクション
☐ **rearview mirror** [ríərvju: mírər]	バックミラー
☐ **side mirror** [said mírər]	サイドミラー
☐ **turn signal** [tə:rn sígnəl]	方向指示器
☐ **gas gauge** [gæs geidʒ]	燃料計
☐ **windshield** [wíndʃi:ld]	フロントガラス
☐ **glove compartment** [glʌv kəmpá:rtmənt]	グローブボックス
☐ **hood** [hud]	ボンネット
☐ **exhaust pipe** [igzɔ́:st paip]	マフラー

自動車の修理

事故車を引っ張る **tow car**（トゥカー）

故障した自動車の **repair**（リペア）

修理を引き受ける **automobile repairing & service**（オートモビール リペアリング アンド サーヴィス）

自動車を修理する **garage**（ガラージ）

修理を担当する **mechanic**（メキャニク）

エンジンを調整する **engine tune-up**（エンヂン テューンナップ）

ギアの回転をスムーズにする **lubricant**（ルーブリカント）

金属疲労による自動車の **breakdown**（ブレイクダウン）

使いすぎによるブレーキの **wear**（ウェア）

接触による車体の **dent**（デント）

車体の表面にできた **scratch**（スクラッチ）

タイヤが破裂する **flat tire**（フラット タイア）

走行中にガタガタいう **funny noise**（ファニィ ノイズ）

エンジンルームから漂う **burning smell**（バーニング スメル）

29

☐ **tow car** [tou kɑːr]		牽引車
☐ **repair** [ripéər]		修理
☐ **automobile repairing & service** [ɔːtəməbiːl ripéəriŋ ənd sə́ːrvis]		自動車修理店
☐ **garage** [ɡərɑ́ːʒ]		修理場
☐ **mechanic** [mikǽnik]		修理工
☐ **engine tune-up** [éndʒin t(j)úːnʌ̀p]		エンジン調節
☐ **lubricant** [lúːbrikənt]		潤滑油
☐ **breakdown** [bréikdàun]		故障
☐ **wear** [wɛər]		磨滅
☐ **dent** [dent]		へこみ
☐ **scratch** [skrætʃ]		傷
☐ **flat tire** [flæt táiər]		パンク
☐ **funny noise** [fʌ́ni nɔiz]		不自然な雑音
☐ **burning smell** [bə́ːrniŋ smel]		こげた臭い

交通事故

自動車の運転につきまとう **risk**（リスク）

交通事故による車の **crash**（クラッシ）

前方との **frontal crash**（フラントゥル クラッシ）

横からの **side collision**（サイド コリジョン）

うしろからの **rear-end collision**（リア エンド コリジョン）

次々に衝突する **multiple collision**（マルティプル コリジョン）

車体がひっくり返る **rollover accident**（ロウルオウヴァ アクスィデント）

人をはねて逃走する **hit-and-run accident**（ヒトゥ(ア)ン(ドゥ)ラン アクスィデント）

事故の原因としての **ignoring a traffic light**（イグノー(ア)リング ア トゥラフィク ライト）

意識散漫による **carelessness**（ケアレスネス）

うつらうつらする **doze**（ドゥズ）

過失で問われる **blame**（ブレイム）

事故で支払う **damages**（ダメヂイズ）

自動車事故に備えての **automobile insurance**（オートモビール インシュ(ア)ランス）

30

☐ **risk** [risk]	危険
☐ **crash** [kræʃ]	衝突
☐ **frontal crash** [frʌ́ntl kræʃ]	正面衝突
☐ **side collision** [said kəlíʒən]	横腹への衝突
☐ **rear-end collision** [ríər end kəlíʒən]	追突
☐ **multiple collision** [mʌ́ltəpl kəlíʒən]	玉突き衝突
☐ **rollover accident** [róulòuvər ǽksədənt]	転覆事故
☐ **hit-and-run accident** [hít (ə)n(d) rʌ́n ǽksədənt]	引き逃げ
☐ **ignoring a traffic light** [ignɔ́ːriŋ ə trǽfik lait]	信号無視
☐ **carelessness** [kɛ́ərlisnəs]	不注意
☐ **doze** [douz]	居眠り
☐ **blame** [bleim]	責任
☐ **damages** [dǽmidʒiz]	損害賠償金 (複数形で)
☐ **automobile insurance** [ɔ́ːtəməbìːl inʃú(ə)rəns]	自動車保険

保険

事故で追究される **liability**
(ライアビリティ)

事故に備えて加入する **insurance**
(インシュ(ア)ランス)

人に損傷を与えた場合の **body injury liability insurance**
(バディ インヂュリィ ライアビリティ インシュ(ア)ランス)

物的損害を与えた場合の **property damage insurance**
(プラパティ ダメヂ インシュ(ア)ランス)

保険を扱う **insurance company**
(インシュ(ア)ランス カンパニィ)

保険を販売する **insurance agency**
(インシュ(ア)ランス エイヂェンスィ)

保険加入で結ぶ **insurance contract**
(インシュ(ア)ランス カンゥラクト)

保険会社と保険の契約をする **policyholder**
(パリスィホウルダァ)

保険会社に支払う **insurance premium**
(インシュ(ア)ランス プリーミアム)

契約して保管する **insurance policy**
(インシュ(ア)ランス パリスィ)

家族と自分の生命にかける **life insurance**
(ライフ インシュ(ア)ランス)

医療費の負担を減らす **medical insurance**
(メディカル インシュ(ア)ランス)

自宅の家屋にかける **fire insurance**
(ファイア インシュ(ア)ランス)

突然の損害のためにかける **accident insurance**
(アクスィデント インシュ(ア)ランス)

31

☐ **liability** [làiəbíləti]	賠償責任
☐ **insurance** [inʃú(ə)rəns]	保険
☐ **body injury liability insurance** [bádi índʒəri làiəbíləti inʃú(ə)rəns]	対人賠償保険
☐ **property damage insurance** [prápərti dæmidʒ inʃú(ə)rəns]	対物賠償保険
☐ **insurance company** [inʃú(ə)rəns kʌ́mp(ə)ni]	保険会社
☐ **insurance agency** [inʃú(ə)rəns éidʒənsi]	保険代理店
☐ **insurance contract** [inʃú(ə)rəns kántrækt]	保険契約
☐ **policyholder** [páləsihòuldər]	保険契約者
☐ **insurance premium** [inʃú(ə)rəns prí:miəm]	保険料
☐ **insurance policy** [inʃú(ə)rəns páləsi]	保険証書
☐ **life insurance** [laif inʃú(ə)rəns]	生命保険
☐ **medical insurance** [médikəl inʃú(ə)rəns]	医療保険
☐ **fire insurance** [fáiər inʃú(ə)rəns]	火災保険
☐ **accident insurance** [æksədənt inʃú(ə)rəns]	損害保険

家族

自分の父である **dad**(ダッド)

自分の母である **mam**(マーム)

親の父である **grandpa**(グラン(ドゥ)パー)

親の母である **grandma**(グラン(ドゥ)マー)

女きょうだいの **sis**(スィス)

夫の父である **father-in-law**(ファーザインロー)

姉妹の夫である **brother-in-law**(ブラザインロー)

兄弟の息子である **nephew**(ネフュー)

兄弟の娘である **niece**(ニース)

親の兄弟である **uncle**(アンクル)

親の姉妹である **aunt**(アント)

子供の息子である **grandson**(グラン(ドゥ)サン)

子供の娘である **granddaughter**(グラン(ドゥ)ドータァ)

おじおばの子供である **cousin**(カズン)

32

☐ **dad** [dæd]	パパ (口語)
☐ **mam** [má:m]	ママ (口語)
☐ **grandpa** [grǽn(d)pà:]	おじいちゃん (口語)
☐ **grandma** [grǽn(d)mà:]	おばあちゃん (口語)
☐ **sis** [sis]	姉妹 (口語)
☐ **father-in-law** [fá:ð(ə)rinlɔ̀:]	義父
☐ **brother-in-law** [brʌ́ðərinlɔ̀:]	義兄弟
☐ **nephew** [néfju:]	おい
☐ **niece** [ni:s]	めい
☐ **uncle** [ʌ́ŋkl]	おじ
☐ **aunt** [ænt]	おば
☐ **grandson** [grǽn(d)sʌ̀n]	孫 (男の)
☐ **granddaughter** [grǽn(d)dɔ̀:tər]	孫 (女の)
☐ **cousin** [kʌ́zn]	いとこ

時の表現

昼の12時ちょうどの	**midday** (ミドゥデイ)
今日の次の	**the next day** (ザ ネクスト デイ)
今週の次の	**next week** (ネクスト ウィーク)
今年の次の	**next year** (ネクスト イア)
昨日の前の	**the day before yesterday** (ザ デイ ビフォー(ア) イェスタデイ)
明日の次の	**the day after tomorrow** (ザ デイ アフタァ トゥマロウ)
来週の次の	**the week after next** (ザ ウィーク アフタァ ネクスト)
来月の次の	**the month after next** (ザ マンス アフタァ ネクスト)
来年の次の	**the year after next** (ザ イア アフタァ ネクスト)
年の暮れの	**the end of the year** (ズィ エンド (オ)ヴ ズィ イア)
4年に1度の	**leap year** (リープ イア)
過ぎ去った昔の	**past** (パスト)
過去と未来の境にある	**present** (プレズント)
これから訪れる	**future** (フューチァ)

33

☐ **midday** [míddèi]	正午
☐ **the next day** [ðə nekst dei]	翌日
☐ **next week** [nekst wi:k]	来週
☐ **next year** [nekst jiər]	来年
☐ **the day before yesterday** [ðə dei bifɔ́:r jéstərdi]	一昨日
☐ **the day after tomorrow** [ðə dei ǽftər təmárou]	明後日
☐ **the week after next** [ðə wi:k ǽftər nekst]	再来週
☐ **the month after next** [ðə mʌnθ ǽftər nekst]	再来月
☐ **the year after next** [ðə jiər ǽftər nekst]	再来年
☐ **the end of the year** [ði end (ə)v ðə jiər]	年末
☐ **leap year** [li:p jiər]	うるう年
☐ **past** [pæst]	過去
☐ **present** [préznt]	現在
☐ **future** [fjú:tʃər]	未来

天気予報

日々移り変わる **weather**〔ウェザァ〕

テレビで放映される **weather forecast**〔ウェザァフォーキャスト〕

天気予報をする **weatherman**〔ウェザァマン〕

画面に出る **weather map**〔ウェザァマップ〕

予報で出す今日一日の **rainfall probability**〔レインフォール プラバビリティ〕

雨による今日一日の **the amount of rainfall**〔ズィ アマウント(オ)ヴ レインフォール〕

日中の最高の **temperature**〔テンペラチ(ュ)ア〕

空気中の **humidity**〔ヒューミディティ〕

晴れの日における大気中の **high pressure**〔ハイ プレシァ〕

雨の日における大気中の **low pressure**〔ロウ プレシァ〕

雲一つない **fine weather**〔ファイン ウェザァ〕

晴れた日の突然の **shower**〔シャウア〕

天気が悪化する **fair later cloudy**〔フェア レイタァ クラウディ〕

天気がくずれる **cloudy occasional rain**〔クラウディ オケイジ(ョ)ナル レイン〕

34

☐ **weather** [wéðər]	天気
☐ **weather forecast** [wéðər fɔ́:rkæst]	天気予報
☐ **weatherman** [wéðərmæn]	天気予報官
☐ **weather map** [wéðər mæp]	天気図
☐ **rainfall probability** [réinfɔ:l prɑ̀bəbíləti]	降水確率
☐ **the amount of rainfall** [ði əmáunt (ə)v réinfɔ:l]	降雨量
☐ **temperature** [témp(ə)rətʃ(u)ər]	温度
☐ **humidity** [hju(:)mídəti]	湿度
☐ **high pressure** [hai préʃər]	高気圧
☐ **low pressure** [lou préʃər]	低気圧
☐ **fine weather** [fain wéðər]	快晴
☐ **shower** [ʃáuər]	にわか雨
☐ **fair later cloudy** [fɛər léitər kláudi]	晴れのち曇り
☐ **cloudy occasional rain** [kláudi əkéiʒ(ə)nəl rein]	曇りときどき雨

天候

空をおおう **heavy clouds**

視界をさえぎる深い **fog**

遠方でとどろく **thunder**

ピカッと光る **lightning**

ドカーンと落ちる **thunderbolt**

集中的に降る **heavy rain**

吹き荒れる **storm**

大雨で川がはんらんする **flood**

例年にない **abnormal weather**

気象庁が出す **warning**

雲が吹き荒れる **heavy snowfall**

雪がくずれて起こる **snowslide**

日照り続きによる **drought**

平原に巻き起こる **tornado**

35

heavy clouds [hévi klaudz]	厚い雲
fog [fɔ(:)g]	霧
thunder [θʌ́ndər]	雷鳴
lightning [láitniŋ]	稲妻
thunderbolt [θʌ́ndərbòult]	落雷
heavy rain [hévi rein]	大雨
storm [stɔ:rm]	嵐
flood [flʌd]	洪水
abnormal weather [æbnɔ́:rməl wéðər]	異常気象
warning [wɔ́:rniŋ]	警報
heavy snowfall [hévi snóufɔ:l]	豪雪
snowslide [snóuslàid]	なだれ
drought [draut]	干ばつ
tornado [tɔ:rnéidou]	竜巻

街の通り

街の中心を走る **main street**（メインストゥリート）

樹木が植えられた **avenue**（アヴェニュー）

裏通りの **alley**（アリィ）

歩行者専用の **sidewalk**（サイドゥウォーク）

道路を照らす **streetlight**（ストゥリートライト）

電線を支える **utility pole**（ユーティリティポウル）

時刻を表示する **building clock**（ビルディングクラック）

車を止める **parking lot**（パーキングラット）

道路にかけられた歩行者のための **overpass**（オウヴァパス）

道路の下をくぐる歩行者のための **underpass**（アンダパス）

遮断機が下りる **crossing**（クロ(ー)スィング）

道路の補修をする **road works**（ロウドワークス）

汚水を流す地下の **sewer**（ス(ュ)ーア）

下水道にフタをする **manhole**（マンホウル）

36

☐ **main street** [mein stri:t]		大通り
☐ **avenue** [ǽvən(j)u:]		並木道
☐ **alley** [ǽli]		横丁
☐ **sidewalk** [sáidwɔ̀:k]		歩道
☐ **streetlight** [strí:tlàit]		街灯
☐ **utility pole** [ju:tíləti poul]		電柱
☐ **building clock** [bíldiŋ klɑk]		時計盤
☐ **parking lot** [pá:rkiŋ lɑt]		駐車場
☐ **overpass** [óuvərpæ̀s]		歩道橋
☐ **underpass** [ʌ́ndərpæ̀s]		地下道
☐ **crossing** [krɔ́(:)siŋ]		踏切
☐ **road works** [roud wə:rks]		道路工事 （複数形で）
☐ **sewer** [s(j)ú:ər]		下水道
☐ **manhole** [mǽnhòul]		マンホール

街の建物

都市の中心である **downtown**

繁華街の中心を通る **central streets**

中心街のいこいの場である **plaza**

ビルが密集する **office block**

オフィス街にそびえる **high-rise building**

市の業務を行う **town hall**

市民を犯罪から守る **police station**

裁判を行う **courthouse**

キリスト教会の豪華な **cathedral**

演劇を上演する **theater**

映画を上映する **movie theater**

演奏会を行う **concert hall**

商店が集中した **shopping mall**

道路沿いに掲げられた広告の **billboard**

37

☐ **downtown** [dáuntáun]		繁華街
☐ **central streets** [séntrəl stri:ts]		中心街
☐ **plaza** [plǽzə]		広場
☐ **office block** [ɔ́(:)fis blɑk]		オフィス街
☐ **high-rise building** [hai raiz bíldiŋ]		高層ビル
☐ **town hall** [taun hɔ:l]		市役所
☐ **police station** [pəlí:s stéiʃən]		警察署
☐ **courthouse** [kɔ́:rthàus]		裁判所
☐ **cathedral** [kəθí:drəl]		大聖堂
☐ **theater** [θíətər]		劇場
☐ **movie theater** [mú:vi θíətər]		映画館
☐ **concert hall** [kánsə(:)rt hɔ:l]		演奏会場
☐ **shopping mall** [ʃápiŋ mɔ:l]		ショッピングセンター
☐ **billboard** [bílbɔ̀:rd]		大型看板

公園

公園に入る **entrance**

ゲートに建つ大理石の **statue**

広場の中心にある **fountain**

水を飲む **drinking fountain**

お菓子などを販売する **kiosk**

ホットドッグを売る **stand**

子供がほしがるゴムの **balloon**

コンサートなどが開催される **open-air theater**

ゴロリと寝ころべる緑の **lawn**

上から滑り下りる **slide**

揺らして遊ぶ **swing**

逆上がりをする **iron bar**

ギッタンバッコンの **seesaw**

砂山をつくって遊ぶ **sandbox**

38

☐ **entrance** [éntrəns]	入り口
☐ **statue** [stǽtʃuː]	彫刻
☐ **fountain** [fáunt(i)n]	噴水
☐ **drinking fountain** [dríŋkiŋ fáunt(i)n]	水飲み器
☐ **kiosk** [kí(ː)ɑsk]	売店
☐ **stand** [stænd]	屋台
☐ **balloon** [bəlúːn]	風船
☐ **open-air theater** [óup(ə)nɛ́ər θíətər]	屋外ステージ
☐ **lawn** [lɔːn]	芝生
☐ **slide** [slaid]	滑り台
☐ **swing** [swiŋ]	ぶらんこ
☐ **iron bar** [áiərn bɑːr]	鉄棒
☐ **seesaw** [síːsɔ̀ː]	シーソー
☐ **sandbox** [sǽn(d)bɑ̀ks]	砂場

田園

都会から離れたのどかな **rural district**（ル(ア)ラル ディストゥリクト）

美しい **rural scene**（ル(ア)ラル スィーン）

気持ちが安らぐ **countryside**（カウントゥリサイド）

舗装されていない **country road**（カントゥリィロウド）

地平線に広がる緑の **meadow**（メドウ）

その向こうに見える **grove**（グロウブ）

林の先の **wood**（ウッド）

森林の間をぬう細い **path**（パス）

チョロチョロと流れる **stream**（ストゥリーム）

小川の先に広がる **lake**（レイク）

湖の向こうに見える **hill**（ヒル）

丘の向こうの高い **mountain**（マウンテン）

山のなだらかな **slope**（スロウプ）

雪がうっすらとおおう山の **summit**（サミット）

39

☐ **rural district** [rú(ə)rəl dístrikt]	田園地帯
☐ **rural scene** [rú(ə)rəl si:n]	田園風景
☐ **countryside** [kʌ́ntrisàid]	田舎
☐ **country road** [kʌ́ntri roud]	田舎道
☐ **meadow** [médou]	牧草地（干し草をつくる）
☐ **grove** [grouv]	林
☐ **wood** [wud]	森林
☐ **path** [pæθ]	小道
☐ **stream** [stri:m]	小川
☐ **lake** [leik]	湖
☐ **hill** [hil]	丘
☐ **mountain** [máuntin]	山
☐ **slope** [sloup]	斜面
☐ **summit** [sʌ́mit]	頂上

農場

農家が営む **farm**（ファーム）

農場の一角に建つ **farmhouse**（ファームハウス）

農家の横に建つ **barn**（バーン）

納屋に積まれた **hay**（ヘイ）

牛が飼われている **cowshed**（カウシェド）

馬が飼われている **stable**（ステイブル）

鶏が飼われている **henhouse**（ヘンハウス）

農家の周囲に広がる **field**（フィールド）

畑にぽつんと立つ **scarecrow**（スケアクロウ）

牛が放牧された **stock farm**（スタックファーム）

広大な **ranch**（ランチ）

牧場に張りめぐらされた **fence**（フェンス）

オレンジが取れる **orchard**（オーチャド）

ブドウが取れる **vineyard**（ヴィニャード）

40

☐ **farm** [fɑːrm]	農場
☐ **farmhouse** [fɑ́ːrmhàus]	農家
☐ **barn** [bɑːrn]	納屋
☐ **hay** [hei]	干し草
☐ **cowshed** [káuʃèd]	牛小屋
☐ **stable** [stéibl]	馬小屋
☐ **henhouse** [hénhaus]	鶏小屋
☐ **field** [fiːld]	畑
☐ **scarecrow** [skéərkròu]	かかし
☐ **stock farm** [stɑk fɑːrm]	牧場
☐ **ranch** [ræntʃ]	牧場 (大きな)
☐ **fence** [fens]	柵
☐ **orchard** [ɔ́ːrtʃərd]	果樹園
☐ **vineyard** [vínjərd]	ブドウ畑

掃除と洗濯

棚に積もった **dust**〔ダスト〕

台所から出る **garbage**〔ガーベヂ〕

日常生活で出る **trash**〔トゥラッシ〕

紙クズを入れる **trash can**〔トゥラッシ キャン〕

生ゴミを入れる **garbage can**〔ガーベヂ キャン〕

床をはく **broom**〔ブルーム〕

ゴミを吸い取る **vacuum cleaner**〔ヴァキュ(ウ)ム クリーナァ〕

ゴミをまとめて外に出す **garbage day**〔ガーベヂ デイ〕

ゴミを回収する **garbage truck**〔ガーベヂ トゥラック〕

汚れた衣類をきれいにした **laundry**〔ローンドゥリィ〕

下着を白くする **bleach**〔ブリーチ〕

洗濯物を放り込む **washing machine**〔ワシング マシーン〕

洗濯機に入れる **detergent**〔ディタ〜ヂェント〕

洗濯物を乾かす **dryer**〔ドゥライア〕

41

☐ **dust** [dʌst]	ちり
☐ **garbage** [gá:rbidʒ]	ゴミ (生ゴミ)
☐ **trash** [træʃ]	ゴミ (紙・金属・ビンなど)
☐ **trash can** [træʃ kæn]	ゴミ箱
☐ **garbage can** [gá:rbidʒ kæn]	ゴミバケツ
☐ **broom** [bru:m]	ほうき
☐ **vacuum cleaner** [vǽkju(ə)m klí:nər]	掃除機
☐ **garbage day** [gá:rbidʒ dei]	ゴミの日
☐ **garbage truck** [gá:rbidʒ trʌk]	ゴミ収集車
☐ **laundry** [lɔ́:ndri]	洗濯物
☐ **bleach** [bli:tʃ]	漂白剤
☐ **washing machine** [wáʃiŋ məʃí:n]	洗濯機
☐ **detergent** [ditə́:rdʒənt]	洗剤
☐ **dryer** [dráiər]	乾燥機

テレビ番組

番組を放送する **TV station**

テレビによる番組の **broadcast**

放送される様々な **program**

スタジオから直接中継する **live broadcast**

現地から直接中継する **remote hookup**

衛星を使った **satellite broadcasting**

夜7時から11時の **prime time**

夜遅く放送される **late program**

以前放送された番組の **rebroadcast**

トークショーの進行役を務める **talk show host**

ニュース番組の進行役を務める **anchorperson**

テレビを見る **viewer**

テレビ局が気にする **audience rating**

視聴率の高い **hit program**

42

☐ **TV station** [tíːvíː stéiʃən]	テレビ局
☐ **broadcast** [brɔ́ːdkæst]	放送
☐ **program** [próugræm]	番組
☐ **live broadcast** [laiv brɔ́ːdkæst]	生放送
☐ **remote hookup** [rimóut húkʌ̀p]	現場中継
☐ **satellite broadcasting** [sǽtəlàit brɔ́ːdkæstiŋ]	衛星放送
☐ **prime time** [praim taim]	ゴールデンアワー
☐ **late program** [leit próugræm]	深夜番組
☐ **rebroadcast** [rìːbrɔ́ːdkæst]	再放送
☐ **talk show host** [tɔːk ʃou houst]	トークショー司会者
☐ **anchorperson** [ǽŋkərpə̀ːrsn]	総合司会者（ニュースの）
☐ **viewer** [vjúːər]	視聴者
☐ **audience rating** [ɔ́ːdiəns réitiŋ]	視聴率
☐ **hit program** [hit próugræm]	人気番組

野球中継

マウンドに立つ **right-hander**

ピッチャーが投げる速い **fastball**

ボールが曲がる **breaking ball**

外側ぎりぎりの **outside pitch**

バックネットまですっぽ抜ける **wild pitch**

バッターボックスに立つ **batter**

コロコロと転がる **grounder**

足の速い走者の **stolen base**

満塁で放つ **grand slam**

17対0の **blast**

劇的な9回裏の **come-from-behind win**

試合の勝敗によって変化する **games behind**

10月にずれこんだ **games left**

首位打者の高い **batting average**

43

☐ **right-hander** [ráithændər]	右投手 (右利き)
☐ **fastball** [fæstbɔ:l]	直球 (速球)
☐ **breaking ball** [breikiŋ bɔ:l]	変化球
☐ **outside pitch** [áutsáid pitʃ]	外角球
☐ **wild pitch** [waild pitʃ]	暴投
☐ **batter** [bǽtər]	打者
☐ **grounder** [gráundər]	ゴロ
☐ **stolen base** [stóulən beis]	盗塁
☐ **grand slam** [grænd slæm]	満塁ホームラン
☐ **blast** [blæst]	大勝
☐ **come-from-behind win** [kʌm frəm biháind win]	逆転勝ち
☐ **games behind** [geimz biháind]	ゲーム差
☐ **games left** [geimz left]	残り試合
☐ **batting average** [bǽtiŋ ǽv(ə)ridʒ]	打率

新聞

新聞を発行する **newspaper publishing company**
（ニュースペイパァ パブリシング カンパニィ）

毎日刊行される **daily newspaper**
（デイリィ ニューズペイパァ）

朝に出る新聞の **morning edition**
（モーニング エディション）

トップニュースがのる **front page**
（フラント ペイヂ）

世界情勢を扱う **international news**
（インタナショナル ニューズ）

経済に関する **financial news**
（フィナンシャル ニューズ）

地域社会の **local news**
（ロウカル ニューズ）

新聞社の主張として論説する **editorial**
（エディトーリアル）

誕生・婚約・結婚記事などの **society column**
（ソサイニティ カラム）

読者の投稿を掲載する **letters to the editor**
（レタァズ トゥズィ エディタァ）

レストラン・映画・本の紹介などを扱う **guide**
（ガイド）

運勢を占う **horoscope**
（ホ（ー）ロスコウプ）

天気情報を扱う **weather report**
（ウェザァ リポート）

漫画・四コマ漫画を掲載する **comics & cartoon**
（カミクス カートゥーン）

☐ **newspaper publishing company** [n(j)úːzpèipər pʌ́bliʃiŋ kʌ́mp(ə)ni]	新聞社
☐ **daily newspaper** [déili n(j)úːzpèipər]	日刊新聞
☐ **morning edition** [mɔ́ːrniŋ idíʃən]	朝刊
☐ **front page** [frʌnt peidʒ]	第1面
☐ **international news** [ìntərnǽʃ(ə)nəl n(j)uːz]	国際ニュース
☐ **financial news** [finǽnʃəl n(j)uːz]	経済ニュース
☐ **local news** [lóukəl n(j)uːz]	地域ニュース
☐ **editorial** [èdətɔ́ːriəl]	社説
☐ **society column** [səsáiəti káləm]	社交欄
☐ **letters to the editor** [létərz tə ði éditər]	読者投稿欄
☐ **guide** [gaid]	案内
☐ **horoscope** [hɔ́(ː)rəskòup]	星占い
☐ **weather report** [wéðər ripɔ́ːrt]	天気予報
☐ **comics & cartoon** [kámiks kɑːrtúːn]	漫画欄

レストラン

五つ星を誇る **first-class restaurant**

高級レストランでの礼儀としての **formal**

一般レストランでの気楽な **casual**

入り口でコートを預ける **cloakroom**

喫煙できない **non-smoking seat**

窓のある **window seat**

テラスにある **table on the terrace**

食前に飲む **before-dinner drink**

スープの前に出る **appetizer**

シェフおすすめの **chef's recommendation**

メニューから注文する **dish**

舌つづみを打つ **French cuisine**

食べ残しを詰める **doggie bag**

料金の支払いで受け取る **check**

45

☐ **first-class restaurant** [fə́:rs(t) klǽs réstərənt]	一流レストラン
☐ **formal** [fɔ́:rməl]	正装（正装の）
☐ **casual** [kǽʒuəl]	普段着（普段着の）
☐ **cloakroom** [klóukrù(:)m]	コート預かり所
☐ **non-smoking seat** [nànsmóukiŋ sí:t]	禁煙席
☐ **window seat** [wíndou sí:t]	窓側の席
☐ **table on the terrace** [téibl ən ðə térəs]	テラス席
☐ **before-dinner drink** [bifɔ́:r dínər dríŋk]	食前酒
☐ **appetizer** [ǽpətàizər]	前菜
☐ **chef's recommendation** [ʃefz rèkəmendéiʃən]	シェフのおすすめ
☐ **dish** [díʃ]	料理
☐ **French cuisine** [frentʃ kwizí:n]	フランス料理
☐ **doggie bag** [dɔ́(:)gi bǽg]	持ち帰り袋
☐ **check** [tʃek]	伝票

映画

事前に購入する	advance ticket
当日に購入する	ticket at the door
当日券を購入する	box office
チケット売り場で支払う	admission
今日初めて上映される	first-run movie
話題騒然の	latest movie
押し寄せる	audience
本編の前に上映される	trailer
コンピューターグラフィックによる	special effects
効果音をたくみに使った	acoustics
2時間を超える	running time
見事な演出をする	director
名演技をする	main character
主役を支える	supporting part

46

☐ **advance ticket** [ədvǽns tíkit]	前売り券
☐ **ticket at the door** [tíkit ət ðə dɔːr]	当日券
☐ **box office** [bɑks ɔ́(ː)fis]	チケット売り場
☐ **admission** [ədmíʃən]	入場料
☐ **first-run movie** [fəːrst rʌn múːvi]	封切映画
☐ **latest movie** [léitist múːvi]	最新作
☐ **audience** [ɔ́ːdiəns]	観客
☐ **trailer** [tréilər]	予告編
☐ **special effects** [spéʃəl ifékts]	特殊効果 (複数形で)
☐ **acoustics** [əkúːstiks]	音響効果 (複数形で)
☐ **running time** [rʌ́niŋ taim]	上映時間
☐ **director** [diréktər]	監督
☐ **main character** [mein kǽrəktər]	主役
☐ **supporting part** [səpɔ́ːrtiŋ pɑːrt]	脇役

図書館

本を市民に貸し出す **library**（ライブレリィ）

書籍のタイトルが並べられた **catalog**（キャタロ(ー)グ）

マガジンラックに置かれた **weekly magazine**（ウィークリィマガズィーン）

本が整然と並べられた **bookshelf**（ブックシェルフ）

新聞や資料を調べる **reading room**（リーディングルーム）

本を貸し出す **checkout counter**（チェックアウトカウンタァ）

貸し出しカウンターで応対する **librarian**（ライブレ(ア)リアン）

図書館司書に提示する **library card**（ライブレリィカード）

本にはさんである **library ticket**（ライブレリィティケト）

返却すべき本の **due date**（デューデイト）

貸し出し期限の切れた **overdue book**（オウヴァデューブック）

借りた本の **return**（リターン）

返却する本を投函する **book drop**（ブックドゥラップ）

図書館が開いていない **holiday**（ハリデイ）

47

library [láibrèri]	図書館
catalog [kǽtəlɔ̀(:)g]	図書目録
weekly magazine [wí:kli mǽgəzì:n]	週刊誌
bookshelf [bukʃelf]	本棚
reading room [rí:diŋ ru(:)m]	閲覧室
checkout counter [tʃekaut káuntər]	貸し出しカウンター
librarian [laibré(ə)riən]	図書館司書
library card [láibrèri kɑ:rd]	図書館会員カード
library ticket [láibrèri tíkit]	貸し出しカード
due date [d(j)u: deit]	返却期間
overdue book [òuvərd(j)ú: buk]	貸し出し期限切れの本
return [ritə́:rn]	返却
book drop [buk drɑp]	図書返却箱
holiday [hálədei]	休館日

動物園

家族で訪れる zoo (ズー)

動物が入れられた cage (ケイヂ)

『3びきのこぶた』に出てくる悪役の wolf (ウルフ)

ポンポコリンの raccoon dog (ラクーンド(ー)グ)

首の長い giraffe (ヂラフ)

鼻の長い elephant (エレファント)

背中にこぶのある camel (キャメル)

白黒のしまのある zebra (ズィーブラ)

足の速い鳥の ostrich (オ(ー)ストゥリチ)

口の大きな hippopotamus (ヒポパタマス)

北海道にすむ bear (ベア)

美しい羽を持つ peacock (ピーカク)

沼地にすむ恐ろしい alligator (アリゲイタァ)

アフリカにすむ大きな crocodile (クラコダイル)

48

☐ **zoo** [zu:]	動物園
☐ **cage** [keidʒ]	おり
☐ **wolf** [wulf]	オオカミ
☐ **raccoon dog** [rækú:n dɔ(:)g]	タヌキ
☐ **giraffe** [dʒəræf]	キリン
☐ **elephant** [éləfənt]	ゾウ
☐ **camel** [kǽməl]	ラクダ
☐ **zebra** [zí:brə]	シマウマ
☐ **ostrich** [ɔ́(:)stritʃ]	ダチョウ
☐ **hippopotamus** [hìpəpátəməs]	カバ
☐ **bear** [bɛər]	クマ
☐ **peacock** [pí:kàk]	クジャク
☐ **alligator** [ǽligèitər]	ワニ
☐ **crocodile** [krákədail]	ワニ (大型の)

釣り

市民が楽しむ **sportfishing**（スポートフィシング）

州が発行する釣りの **fishing license**（フィシングライスンス）

えさをつけての **bait fishing**（ベイトフィシング）

毛針をつけての **fly fishing**（フライフィシング）

糸を遠投する **casting**（キャスティング）

釣りに必要な細長い **fishing rod**（フィシングラッド）

釣りざおから垂らす **line**（ライン）

水面に浮かぶ **float**（フロウト）

糸を張る **sinker**（スィンカァ）

魚を引っかける **hook**（フック）

釣り針につける **bait**（ベイト）

本物そっくりの **lure**（リュア）

魚を捕まえる網の **landing net**（ランディングネット）

足にはく **rubber boots**（ラバァブーツ）

49

sportfishing [spɔ́ːrtfiʃiŋ]	魚釣り (漁業と区別)
fishing license [fíʃiŋ láisns]	入漁許可証
bait fishing [beit fíʃiŋ]	えさ釣り
fly fishing [flai fíʃiŋ]	毛針釣り
casting [kǽstiŋ]	投げ釣り
fishing rod [fíʃiŋ rɑd]	釣りざお
line [lain]	釣り糸
float [flout]	浮き
sinker [síŋkər]	おもり
hook [huk]	釣り針
bait [beit]	えさ
lure [l(j)uər]	疑似餌(ぎじえ)
landing net [lǽndiŋ net]	たも
rubber boots [rʌ́bər buːts]	ゴム長靴

キャンプ

サマーシーズンに にぎわう **campsite**〔キャンプサイト〕

キャンプのためにそろえる **camping equipment**〔キャンピングイクウィプメント〕

テントと **sleeping bag**〔スリーピングバッグ〕

ハンマーで打ちつけるテントの **stake**〔ステイク〕

地面に敷く **vinyl mat**〔ヴァイニルマット〕

暗がりを照らす **flashlight**〔フラシライト〕

皿やフォークのそろった **mess kit**〔メスキット〕

使い捨ての **paper cup**〔ペイパァカップ〕

バーベキューをする **grill set**〔グリルセット〕

バーベキューに使う燃料の **solid fuel**〔サリドフュ(ー)エル〕

飲料水が入った **polyethylene container**〔パリエスィリーンコンテイナァ〕

お茶を入れる **canteen**〔キャンティーン〕

まきを割る **ax**〔アックス〕

方角を調べる **compass**〔カンパス〕

120

50

☐ **campsite** [kǽmpsàit]		キャンプ場
☐ **camping equipment** [kǽmpiŋ ikwípmənt]		キャンプ用品
☐ **sleeping bag** [slíːpiŋ bæg]		寝袋
☐ **stake** [steik]		くい
☐ **vinyl mat** [váinəl mæt]		レジャーシート
☐ **flashlight** [flǽʃlàit]		懐中電灯
☐ **mess kit** [mes kit]		食器セット
☐ **paper cup** [péipər kʌp]		紙コップ
☐ **grill set** [gril set]		焼き肉道具一式
☐ **solid fuel** [sálid fjúː(ː)əl]		固形燃料
☐ **polyethylene container** [pàliéθəlìːn kəntéinər]		ポリタンク
☐ **canteen** [kæntíːn]		水筒
☐ **ax** [æks]		おの
☐ **compass** [kʌ́mpəs]		方位磁石

結婚式

結婚の約束をする **engagement**

男性の **fiancé**

女性の **fiancée**

二人が結ばれる **marriage**

相思相愛による **love match**

教会であげる **wedding**

結婚式をとり行う **minister**

祝福を受ける男性の **bridegroom**

女性の **bride**

交換しあう **wedding ring**

結婚式に参列する **guest**

祭壇の横で歌う **choir**

聖歌隊が歌う **sacred song**

聖歌隊が手にする **hymnbook**

51

☐ **engagement** [ingéidʒmənt]	婚約
☐ **fiancé** [fìːɑnséi]	婚約者（男性）
☐ **fiancée** [fìːɑnséi]	婚約者（女性）
☐ **marriage** [mǽridʒ]	結婚
☐ **love match** [lʌv mætʃ]	恋愛結婚
☐ **wedding** [wédiŋ]	結婚式
☐ **minister** [mínistər]	牧師
☐ **bridegroom** [bráidgrù(ː)m]	新郎
☐ **bride** [braid]	新婦
☐ **wedding ring** [wédiŋ riŋ]	結婚指輪
☐ **guest** [gest]	招待客
☐ **choir** [kwáiər]	聖歌隊
☐ **sacred song** [séikrid sɔ(ː)ŋ]	聖歌
☐ **hymnbook** [hímbùk]	聖歌集

葬式

人の死でとり行う **funeral**

ベッドに横たわる **body**

葬儀を仕切る **funeral director**

遺体を運ぶ **hearse**

遺体が運び込まれる **funeral home**

遺体にほどこす **embalmment**

遺体が安置される **mortuary**

遺体が入れられた **coffin**

ひつぎに添えられた **wreath**

弔問客が着る **mourning dress**

ひつぎが運ばれる **cemetery**

墓地に掘られた **grave**

墓に立つ **gravestone**

墓石に刻まれた **epitaph**

52

☐ **funeral** [fjú:n(ə)rəl]	葬式
☐ **body** [bádi]	遺体
☐ **funeral director** [fjú:n(ə)rəl diréktər]	葬儀屋
☐ **hearse** [hə:rs]	霊柩車(れいきゅうしゃ)
☐ **funeral home** [fjú:n(ə)rəl houm]	葬儀場
☐ **embalmment** [imbá:mənt]	防腐処理
☐ **mortuary** [mɔ́:rtʃuèri]	霊安室
☐ **coffin** [kɔ́(:)fin]	ひつぎ
☐ **wreath** [ri:θ]	花輪
☐ **mourning dress** [mɔ́:rniŋ dres]	喪服
☐ **cemetery** [sémətèri]	墓地
☐ **grave** [greiv]	墓穴
☐ **gravestone** [gréivstòun]	墓石
☐ **epitaph** [épətæf]	碑文

アメリカの祝日と記念日

記念すべき出来事の **anniversary**（アニヴァ〜サリィ）

記念日として祝う **Federal Legal Holiday**（フェデラルリーガルハリデイ）

1月1日の **New Year's Day**（ニューイアズデイ）

2月の第3月曜日の **President's Day**（プレズ(ィ)デンツデイ）

復活祭前の金曜日の **Good Friday**（グッドフライデイ）

キリストの復活を祝う **Easter**（イースタァ）

4月の第1日曜日の **daylight-saving-time begins**（デイライト セイヴィング タイム ビギンズ）

4月19日のユダヤ教徒に伝わる **Passover**（パソウヴァ）

5月最後の月曜日の **Memorial Day**（メモーリアルデイ）

7月4日のアメリカの **Independence Day**（インディペンデンスデイ）

10月最後の日曜日の **standard time begins**（スタンダドタイムビギンズ）

11月11日の **Veterans Day**（ヴェテランズデイ）

11月の第4木曜日の **Thanksgiving Day**（サンクスギヴィングデイ）

12月31日の **New Year's Eve**（ニューイアズイーヴ）

53

☐ **anniversary** [ǽnivə́ːrs(ə)ri]	記念日	
☐ **Federal Legal Holiday** [fédərəl líːgəl hálədei]	祝日	
☐ **New Year's Day** [n(j)uː jiərz dei]	元日	
☐ **President's Day** [préz(ə)dənts dei]	大統領の日	
☐ **Good Friday** [gud fráidi]	キリスト受難日	
☐ **Easter** [íːstər]	復活祭	
☐ **daylight-saving time begins** [déilàit séiviŋ taim bigínz]	夏の始まり (時計を1時間進める)	
☐ **Passover** [pǽsòuvər]	過ぎ越しの祝い	
☐ **Memorial Day** [mimɔ́ːriəl dei]	戦没者追悼の日	
☐ **Independence Day** [ìndipéndəns dei]	独立記念日	
☐ **standard time begins** [stǽndərd taim bigínz]	夏の終わり (時間を1時間戻す)	
☐ **Veterans Day** [vét(ə)rənz dei]	退役軍人の日	
☐ **Thanksgiving Day** [θæŋksgíviŋ dei]	感謝祭	
☐ **New Year's Eve** [n(j)uː jiərz iːv]	大晦日	

スーパーマーケット

毎日入荷する新鮮な **vegetable**〔ヴェデタブル〕

海で取れる **fish and seafood**〔フィッシ アンド スィーフード〕

牛や豚の **meat**〔ミート〕

チーズやミルクなどの **dairy products**〔デァリィ プラダクツ〕

すでに調理された **delicatessen**〔デリカテスン〕

冷凍室に保存する **frozen food**〔フロウズン フード〕

酢に漬けたきゅうりなどの **pickle**〔ピクル〕

保存食品としてオーソドックスな **canned food**〔キャンド フード〕

食べ物に味つけする **seasoning**〔スィーズニング〕

日本の食品などの **oriental food**〔オーリエントゥル フード〕

コーラやジュースなどの **beverage**〔ベヴァレヂ〕

子供の好きな **confectionery**〔コンフェクショネリィ〕

多くの食品に含まれている **additive**〔アディティヴ〕

食品の腐敗を防ぐ **preservative**〔プリザ〜ヴァティヴ〕

128

54

☐ **vegetable** [védʒ(ə)təbl]	野菜
☐ **fish and seafood** [fiʃ ənd síːfùːd]	魚介類
☐ **meat** [miːt]	肉
☐ **dairy products** [déi(ə)ri prádəkts]	乳製品
☐ **delicatessen** [dèlikətésn]	調理済み食品
☐ **frozen food** [fróuzn fuːd]	冷凍食品
☐ **pickle** [píkl]	漬物
☐ **canned food** [kænd fuːd]	缶詰
☐ **seasoning** [síːz(ə)niŋ]	調味料
☐ **oriental food** [ɔːriéntl fuːd]	オリエンタル食品
☐ **beverage** [bévəridʒ]	飲み物
☐ **confectionery** [kənfékʃənèri]	お菓子 (総称)
☐ **additive** [ǽditiv]	食品添加物
☐ **preservative** [prizə́ːrvətiv]	防腐剤

食料雑貨店

市民の生活に便利な **grocery**(グロウサリィ)

日常生活に必要な **household goods**(ハウスホウルドグッヅ)

台所で使う **kitchenware**(キチンウェア)

煮物などに使う **pan**(パン)

卵焼きなどに使う **frying pan**(フライングパン)

卵焼きなどをひっくり返す **turner**(タ〜ナァ)

食器を洗う **dishwashing detergent**(ディッシワッシィングディタ〜ヂェント)

残り物を包む **plastic wrap**(プラスティクラップ)

残り物を入れる **plastic bag**(プラスティクバッグ)

ゴミを入れる **trash bag**(トゥラッシバッグ)

ワイシャツをピンとさせる **starch**(スターチ)

洗濯物をつるす **clothesline**(クロウ(ズ)ズライン)

洗濯物を留める **clothespin**(クロウ(ズ)ピン)

ゴミをはき取る **dustpan**(ダストゥパン)

55

☐ **grocery** [gróus(ə)ri]	食料雑貨店
☐ **household goods** [háushòuld gudz]	生活雑貨
☐ **kitchenware** [kítʃinwèər]	台所用品
☐ **pan** [pæn]	鍋（平鍋）
☐ **frying pan** [fraiŋ pæn]	フライパン
☐ **turner** [tə́:rnər]	フライ返し
☐ **dishwashing detergent** [díʃwàʃiŋ ditə́:rdʒənt]	食器用洗剤
☐ **plastic wrap** [plǽstik ræp]	食品包装用ラップ
☐ **plastic bag** [plǽstik bæg]	ポリエチレン袋
☐ **trash bag** [træʃ bæg]	ゴミ袋
☐ **starch** [stɑ:rtʃ]	洗濯のり
☐ **clothesline** [klóu(ð)zlàin]	洗濯ロープ
☐ **clothespin** [klóu(ð)zpìn]	洗濯ばさみ
☐ **dustpan** [dʌ́stpæ̀n]	ちり取り

肉屋

肉を販売する **butcher shop**

そこで働く **butcher**

肉を保管する **deepfreeze**

肉の目方を量る **balance**

肉を切る **carving knife**

大きく切り取られた肉の **chunk**

肉を細かく刻んだ **ground meat**

薄く切られた **sliced ham**

腸に詰められた **Vienna sausage**

牛の肉の **beef**

豚の肉の **pork**

羊の肉の **mutton**

鶏の肉の **chicken**

鶏肉で一番よく食べられる **thigh**

56

□ **butcher shop** [bútʃər ʃɑp]	肉屋 (店)
□ **butcher** [bútʃər]	肉屋 (人)
□ **deepfreeze** [díːpfríːz]	冷凍庫 (食品保存用)
□ **balance** [bǽləns]	はかり
□ **carving knife** [káːrviŋ naif]	肉切り包丁
□ **chunk** [tʃʌŋk]	大きな固まり
□ **ground meat** [graund miːt]	ひき肉
□ **sliced ham** [slaist hæm]	スライスしたハム
□ **Vienna sausage** [viénə sɔ́(ː)sidʒ]	ウインナーソーセージ
□ **beef** [biːf]	牛肉
□ **pork** [pɔːrk]	豚肉
□ **mutton** [mʌ́tn]	羊肉
□ **chicken** [tʃíkin]	鶏肉
□ **thigh** [θai]	鶏もも肉

化粧品店

女性の必需品である **cosmetic**（カズメティク）

肌に栄養を与える **nourishing cream**（ナ～リシングクリーム）

肌にうるおいを与える **milky lotion**（ミルキィロウション）

くちびるに塗る **lipstick**（リプスティク）

まつげを長く見せる **false eyelashes**（フォールス アイラシィズ）

ほおに色をつける **rouge**（ルージ）

香りをつける **perfume**（パ～フューム）

爪に塗る **nail enamel**（ネイル エナメル）

化粧を落とす **makeup remover**（メイカプ リムーヴァ）

毛穴の汚れをとる **mask**（マスク）

マニキュアをとる **enamel remover**（エナメル リムーヴァ）

爪を切る **nail clippers**（ネイル クリパァズ）

毛をそる **shaver**（シェイヴァ）

毛を抜く **tweezers**（トゥウィーザズ）

☐ **cosmetic** [kazmétik]	化粧品
☐ **nourishing cream** [nə́:riʃiŋ kri:m]	栄養クリーム
☐ **milky lotion** [mílki lóuʃən]	乳液
☐ **lipstick** [lípstìk]	口紅
☐ **false eyelashes** [fɔ:ls áilæ̀ʃiz]	つけまつげ
☐ **rouge** [ru:ʒ]	ほお紅
☐ **perfume** [pə́:rfju:m]	香水
☐ **nail enamel** [neil inǽməl]	マニキュア
☐ **makeup remover** [méikʌ̀p rimú:vər]	化粧落とし
☐ **mask** [mæsk]	パック
☐ **enamel remover** [inǽməl rimú:vər]	除光液
☐ **nail clippers** [neil klípərz]	爪切り (ふつう複数形で)
☐ **shaver** [ʃéivər]	かみそり (女性用)
☐ **tweezers** [twí:zərz]	毛抜き (複数形で)

薬局

薬を調剤して販売する **pharmacy**
ファーマスィ

手軽に薬を購入できる **drugstore**
ドゥラグストー(ァ)

家庭に備える **first-aid kit**
ファーストゥエイド キット

ころんで怪我をしたときの **antiseptic solution**
アンティセプティク ソルーション

消毒殺菌する **iodine tincture**
アイオダイン ティンクチャ

やけどやすり傷に使う **ointment**
オイントゥメント

傷口を守る **adhesive bandage**
アドゥヒースィヴ バンディヂ

かゆみを止める **anti-itch cream**
アンティイッチ クリーム

腕や指に巻く **bandage**
バンディヂ

体温を計る **thermometer**
サマメタァ

打ち身を緩和する **compress**
カンプレス

目の疲れに効く **eye drops**
アイ ドゥラップス

目に当てる **eye bandage**
アイ バンディヂ

耳掃除に便利な **swab**
スワブ

☐ **pharmacy** [fá:rməsi]		薬局
☐ **drugstore** [drʌ́gstɔ́:r]		薬局
☐ **first-aid kit** [fə́:rstéid kit]		救急箱
☐ **antiseptic solution** [æntiséptik səlú:ʃən]		消毒液
☐ **iodine tincture** [áiədàin tíŋktʃər]		ヨードチンキ
☐ **ointment** [ɔ́intmənt]		軟膏(なんこう)
☐ **adhesive bandage** [ədhí:siv bǽndidʒ]		ばんそうこう
☐ **anti-itch cream** [æntiítʃ kri:m]		かゆみ止め軟膏
☐ **bandage** [bǽndidʒ]		包帯
☐ **thermometer** [θərmámətər]		体温計
☐ **compress** [kámpres]		湿布
☐ **eye drops** [ai drɑps]		目薬
☐ **eye bandage** [ai bǽndidʒ]		眼帯
☐ **swab** [swɑb]		綿棒

市販の薬

病気で飲む **medicine**（メデ(ィ)スン）

丸い形の **pill**（ピル）

粉末状の **powder**（パウダァ）

お尻から入れる **suppository**（サパズィトーリィ）

風邪の予防に使う **gargle**（ガーグル）

せきに効く **cough medicine**（コ(ー)フ メデ(ィ)スン）

風邪に効く **cold medicine**（コウルド メデ(ィ)スン）

頭痛に効く **painkiller**（ペインキラァ）

熱を下げる **antifebrile**（アンティフィーブラル）

食べすぎに効く **digestive**（ダイヂェスティヴ）

便秘に使う **enema**（エネマ）

下痢に効く **binding medicine**（バインディング メデ(ィ)スン）

興奮を沈める **sedative**（セダティヴ）

不眠症に効く **sleeping pill**（スリーピングピル）

59

☐ **medicine** [méd(ə)sən]	薬
☐ **pill** [pil]	丸薬
☐ **powder** [páudər]	粉薬
☐ **suppository** [səpázətɔ̀:ri]	座薬
☐ **gargle** [gá:rgl]	うがい薬
☐ **cough medicine** [kɔ(:)f méd(ə)sən]	せき止め薬
☐ **cold medicine** [kould méd(ə)sən]	風邪薬
☐ **painkiller** [péinkilər]	鎮痛剤
☐ **antifebrile** [æntifi:brəl]	解熱剤
☐ **digestive** [daidʒéstiv]	消化剤
☐ **enema** [énəmə]	浣腸
☐ **binding medicine** [báindiŋ méd(ə)sən]	下痢止め
☐ **sedative** [sédətiv]	鎮静剤
☐ **sleeping pill** [slí:piŋ pil]	睡眠薬

おもちゃ屋

かわいいキャラクターの **stuffed toy**（スタッフトトイ）

着せ替えができる **doll**（ダル）

手を入れて遊ぶ人形の **glove puppet**（グラヴ パペット）

夏に水遊びする **water pistol**（ウォータァ ピストゥル）

海で胴体につけて泳ぐ **float**（フロウト）

水にもぐるときにつける **swimming goggles**（スウィミング ガグルズ）

赤ちゃんをあやす **rattle**（ラトゥル）

赤ちゃんが口にくわえる **pacifier**（パスィファイア）

木を積んで遊ぶ **blocks**（ブラックス）

こねて工作する **clay**（クレイ）

子供が乗って遊ぶ **tricycle**（トゥライスィクル）

空にあげる **kite**（カイト）

男の子が夢中になる **plastic model**（プラスティク マドゥル）

美しい調べをかなでる **music box**（ミューズィク バックス）

60

☐ **stuffed toy** [stʌft tɔi]	ぬいぐるみ
☐ **doll** [dɑl]	人形
☐ **glove puppet** [glʌv pʌ́pit]	指人形
☐ **water pistol** [wɔ́:tər pístl]	水鉄砲
☐ **float** [flout]	浮き輪
☐ **swimming goggles** [swímiŋ gɑ́glz]	水中眼鏡 (複数形で)
☐ **rattle** [rǽtl]	がらがら
☐ **pacifier** [pǽsəfàiər]	おしゃぶり
☐ **blocks** [blɑks]	積み木 (ふつう複数形で)
☐ **clay** [klei]	粘土
☐ **tricycle** [tráisikl]	三輪車
☐ **kite** [kait]	たこ
☐ **plastic model** [plǽstik mɑ́dl]	プラモデル
☐ **music box** [mjú:zik bɑks]	オルゴール

文房具店

文房具を販売する **stationer's**（ステイショナァズ）

スラスラ書ける **felt pen**（フェルトペン）

一度書いたら消えない **oil marker**（オイルマーカァ）

水溶性の **water marker**（ウォータァマーカァ）

つけペンで交換する **nib**（ニッブ）

手紙を書く **writing pad**（ライティングパッド）

手紙を入れる **envelope**（エンヴェロウプ）

書類を保管する **document folder**（ダキュメントフォウルダァ）（clear type）

紙を貼る **adhesive tape**（アドゥヒースイヴテイプ）

紙を切る **paper cutter**（ペイパァカタァ）

壁に貼る **thumbtack**（サムタック）

紙などを束ねる **rubber band**（ラバァバンド）

スタンプにインクをつける **inkpad**（インクパッド）

簡単に計算できる **pocket calculator**（パケトキャルキュレイタァ）

142

61

☐ **stationer's** [stéiʃənərz]	文房具店
☐ **felt pen** [felt pen]	サインペン
☐ **oil marker** [ɔil máːrkər]	油性マーカー
☐ **water marker** [wɔ́ːtər máːrkər]	水性マーカー
☐ **nib** [nib]	ペン先
☐ **writing pad** [ráitiŋ pæd]	便せん
☐ **envelope** [énvəlòup]	封筒
☐ **document folder** [dákjument fóuldər]	クリアファイル
☐ **adhesive tape** [ədhíːsiv teip]	セロハンテープ
☐ **paper cutter** [péipər kʌ́tər]	カッター
☐ **thumbtack** [θʌ́mtæk]	画びょう
☐ **rubber band** [rʌ́bər bænd]	輪ゴム
☐ **inkpad** [íŋkpæd]	スタンプ台
☐ **pocket calculator** [pákit kǽlkjulèitər]	電卓

金物店

日曜大工をするための **carpenter's tools**(カーペンタァズ トゥールズ)

大工道具を入れる **toolbox**(トゥールバックス)

釘を打つ **hammer**(ハマァ)

釘を抜く **pincers**(ピンサァズ)

木に打ち込む **nail**(ネイル)

ドライバーで締めつける **screw**(スクルー)

ねじを締める **screwdriver**(スクルードゥライヴァ)

木を切る **saw**(ソー)

針金を切る **pliers**(プライアズ)

穴をあける **gimlet**(ギムレット)

木を削る **plane**(プレイン)

溝を掘る **chisel**(チズル)

金属を磨く **file**(ファイル)

紙で磨く **sandpaper**(サン(ドゥ)ペイパァ)

62

☐ **carpenter's tools** [ká:rpəntərz tu:lz]	大工道具
☐ **toolbox** [tu:lbɑks]	道具箱
☐ **hammer** [hǽmər]	金づち
☐ **pincers** [pínsərz]	釘抜き (複数形で)
☐ **nail** [neil]	釘
☐ **screw** [skru:]	ねじ
☐ **screwdriver** [skrú:dràivər]	ドライバー
☐ **saw** [sɔ:]	のこぎり
☐ **pliers** [pláiərz]	ペンチ (ふつう複数形で)
☐ **gimlet** [gímlət]	きり
☐ **plane** [plein]	かんな
☐ **chisel** [tʃizl]	のみ
☐ **file** [fail]	やすり
☐ **sandpaper** [sǽn(d)pèipər]	紙やすり

書店

店頭に積まれた **new edition** (ニューイディション)

最初に発行された **first edition** (ファ～ストイディション)

美しい装丁の **book jacket** (ブックヂャケト)

有名な本の **author** (オーサァ)

流行作家によって書かれた **novel** (ナヴェル)

シェークスピアなどの **literature** (リテレチ(ュ)ア)

犯人を突き止める **detective story** (ディテクティヴストーリィ)

実生活に役立つ **how-to book** (ハウトゥブック)

手ごろな値段の **paperback book** (ペイパバクブック)

携帯に便利な **pocket book** (パケトブック)

子供向けの **picture book** (ピクチァブック)

写真だけの **photo book** (フォウトゥブック)

男性がこっそり見る **pornography** (ポーナグラフィ)

あらゆる知識が集約された **encyclopedia** (エンサイクロピーディア)

63

☐ **new edition** [n(j)u: idíʃən]	新刊書
☐ **first edition** [fə:rst idíʃən]	初版本
☐ **book jacket** [buk dʒǽkit]	本のカバー
☐ **author** [ɔ́:θər]	著者
☐ **novel** [nάvəl]	小説
☐ **literature** [lítərətʃ(u)ər]	文学
☐ **detective story** [ditéktiv stɔ́:ri]	推理小説
☐ **how-to book** [hau tə buk]	実用書
☐ **paperback book** [péipərbæk buk]	ペーパーバック
☐ **pocket book** [pάkit buk]	文庫本
☐ **picture book** [píktʃər buk]	絵本
☐ **photo book** [fóutou buk]	写真集
☐ **pornography** [pɔ:rnάgrəfi]	エロ本
☐ **encyclopedia** [insàikləpí:diə]	百科事典

書籍のジャンル

事実に基づいた作品の **nonfiction**（ナンフィクション）

架空の物語の **fiction**（フィクション）

推理小説などの **mystery**（ミステリィ）

個人の生涯をつづった **biography**（バイアグラフィ）

子供向けの **children**（チルドゥレン）

日常に関する **life**（ライフ）

料理に関する **cooking**（クキング）

出産に関する **delivery**（ディリヴ(ァ)リィ）

育児に関する **nursing**（ナ～スィング）

趣味に関する **hobby**（ハビィ）

株などに関する **investment**（インヴェストゥメント）

金融などに関する **economics**（イーコナミクス）

会社運営などに関する **management**（マネヂメント）

キリスト教などに関する **religion**（リリヂョン）

64

nonfiction [nànfíkʃən]	ノンフィクション
fiction [fíkʃən]	フィクション
mystery [míst(ə)ri]	ミステリー
biography [baiágrəfi]	伝記
children [tʃíldrən]	児童書
life [laif]	生活
cooking [kúkiŋ]	料理
delivery [dilív(ə)ri]	出産
nursing [nə́ːrsiŋ]	育児
hobby [hábi]	趣味
investment [invéstmənt]	投資
economics [ìːkənámiks]	経済 (単数扱い)
management [mǽnidʒmənt]	経営
religion [rilídʒən]	宗教

眼鏡店

眼鏡を販売する **optical shop**

目の酷使で弱くなった **eyesight**

遠くが見えづらい **nearsightedness**

近くが見えづらい **farsightedness**

老化で目が見えづらくなる **presbyopia**

眼鏡店で買う **glasses**

ふちが銀の **silver-rimmed glasses**

老人がかける **reading glasses**

ど近眼のための **thick glasses**

紫外線をさえぎる眼鏡の **sunglasses**

レンズの度を合わせるのに必要な **eye examination**

顧客を検眼する **optometrist**

検眼医による顧客の **eyesight test**

視力検査で使う **eye chart**

65

□ **optical shop** [áptikəl ʃɑp]	眼鏡店
□ **eyesight** [áisàit]	視力
□ **nearsightedness** [níərsáitidnəs]	近視
□ **farsightedness** [fáːrsáitidnəs]	遠視
□ **presbyopia** [prèzbióupiə]	老眼
□ **glasses** [glǽsiz]	眼鏡（複数形で）
□ **silver-rimmed glasses** [sílvər rimd glǽsiz]	銀ぶち眼鏡
□ **reading glasses** [ríːdiŋ glǽsiz]	老眼鏡（読書用の）
□ **thick glasses** [θik glǽsiz]	度の強い眼鏡
□ **sunglasses** [sʌ́nglæsiz]	サングラス
□ **eye examination** [ai igzæmənéiʃən]	検眼
□ **optometrist** [ɑptámətrist]	検眼医
□ **eyesight test** [áisàit test]	視力検査
□ **eye chart** [ai tʃɑːrt]	視力検査表

デパート

高級品がそろった **department store**

入り口に設置された **information counter**

エレベーターでお客を案内する **elevator operator**

エレベーターの階を表示する **floor indicator**

用を足す **rest room**

掲示物が貼られた **bulletin board**

洋服を着せられた人形の **mannequin**

商品が展示された **display case**

ショーケースから取り出す **jewel**

値段が表示された **price tag**

商品の説明をする **salesperson**

説明を受ける **customer**

お金の支払いをする **register counter**

商品を包む **wrapping paper**

66

department store [dipá:*r*tmənt stɔ:*r*]	百貨店
information counter [ìnfə*r*méiʃən káuntə*r*]	案内所
elevator operator [éləvèitə*r* ápərèitə*r*]	エレベーターガール
floor indicator [flɔ:*r* índikèitə*r*]	階表示板
rest room [rest ru(:)m]	トイレ（公共の建物の）
bulletin board [búlət(i)n bɔ:d]	掲示板
mannequin [mǽnəkin]	マネキン
display case [displéi keis]	ショーケース
jewel [dʒú:əl]	宝石
price tag [prais tæg]	値札
salesperson [séilzpə̀:*r*sn]	店員
customer [kʌ́stəmə*r*]	顧客
register counter [rédʒistə*r* káuntə*r*]	レジカウンター
wrapping paper [rǽpiŋ péipə*r*]	包装紙

153

ヘアーサロン

女性が行く **beauty salon**(ビューティサラン)

その髪を切る **hairstylist**(ヘアスタイリスト)

男性が行く **barbershop**(バーバァシャップ)

その髪を切る **barber**(バーバァ)

お客が望む髪の **hairdo**(ヘアドゥー)

髪を短く刈り込む **close cropped**(クロウスクラップト)

髪にウェーブをつける **perm**(パ〜ム)

髪の色を変える **hair coloring**(ヘアカラリング)

金色に染めた **blond hair**(ブランドヘア)

赤味をおびた **auburn hair**(オーバンヘア)

老人に多い **gray hair**(グレイヘア)

細かく縮れた **frizzy hair**(フリズィヘア)

黒人に多い **kinky hair**(キンキィヘア)

頭にかぶる人工の **wig**(ウィグ)

beauty salon [bjúːti səlán]	美容院	
hairstylist [hɛərstáilist]	美容師	
barbershop [báːrbərʃɑp]	理髪店	
barber [báːrbər]	理髪師	
hairdo [hɛərdùː]	髪型（特に女性の）	
close cropped [klous krɑpt]	刈り上げ	
perm [pəːrm]	パーマ（口語）	
hair coloring [hɛər kʌ́ləriŋ]	毛染め	
blond hair [blɑnd hɛər]	金髪	
auburn hair [ɔ́ːbərn hɛər]	赤褐色の髪	
gray hair [grei hɛər]	白髪	
frizzy hair [frízi hɛər]	縮れた髪	
kinky hair [kíŋki hɛər]	ちりちりの髪	
wig [wig]	かつら	

レンタルビデオ店

ビデオの貸し出しをする **rental video store**
レントゥル ヴィディオウ ストー(ァ)

ビデオ店が定める **rental policy**
レントゥル パリスィ

ビデオ店が顧客につくる **membership card**
メンバシプカード

年間で支払う **annual fees**
アニュアル フィーズ

ビデオを借りるときに支払う **rental fee**
レントゥル フィー

返却が遅れたときの **late charge**
レイト チャーヂ

興行で大成功の **blockbuster movie**
ブラクバスタァムーヴィ

違法にコピーされた **pirated edition**
パイ(ァ)レティド イディション

外国映画のせりふが日本語になった **dubbing**
ダビィング

こっそり借りる **X-rated movie**
エックスレイティド ムーヴィ

恋愛をテーマにした **romantic movie**
ロ(ゥ)マンティクムーヴィ

未来をテーマにした **science fiction movie**
サイエンス フィクション ムーヴィ

拳銃を撃ち合う昔の **Western movie**
ウェスタンムーヴィ

子供が大好きな **animated cartoon movie**
アニメイティド カートゥーン ムーヴィ

68

☐ **rental video store** [réntl vídiòu stɔ:r]	レンタルビデオ店
☐ **rental policy** [réntl páləsi]	レンタル規則
☐ **membership card** [mémbərʃip kɑ:rd]	会員証
☐ **annual fees** [ǽnjuəl fi:z]	年会費
☐ **rental fee** [réntl fi:]	レンタル料
☐ **late charge** [leit tʃɑ:rdʒ]	遅延料金
☐ **blockbuster movie** [blákbàstər mú:vi]	大ヒットの映画
☐ **pirated edition** [pái(ə)rətid idíʃən]	海賊版
☐ **dubbing** [dʌbiŋ]	吹き替え
☐ **X-rated movie** [eksreitid mú:vi]	成人映画
☐ **romantic movie** [ro(u)mǽntik mú:vi]	ラブストーリー映画
☐ **science fiction movie** [sáiəns fíkʃən mú:vi]	SF映画
☐ **Western movie** [wéstərn mú:vi]	西部劇映画
☐ **animated cartoon movie** [ǽnimèitid kɑ:rtú:n mú:vi]	アニメーション映画

フォトショップ

フォトショップで行う写真の **developing** (ディヴェロピング)

ネガから印画紙への **printing** (プリンティング)

できあがった **photo** (フォウトウ)

横に長い写真の **panoramic photo** (パノラミクフォウトウ)

つやのある **glossy finish** (グロ(ー)スィフィニシ)

絹目のついた **mat finish** (マットフィニシ)

定型の大きさの **regular size** (レギュラァサイズ)

写真を大きくする **enlarging** (エンラーヂィング)

同じネガを何枚か焼いてもらう **copy** (カピィ)

レンズのフォーカスがぼけた **out of focus** (アウト(オ)ヴフォウカス)

光が入りすぎた **overexposure** (オウヴァリクスポウジャ)

光が足りない **underexposure** (アンダリクスポウジャ)

カウンターで受け取る写真と **negative** (ネガティヴ)

お手軽に買える安い **disposable camera** (ディスポウザブルキャメラ)

☐ **developing** [divéləpiŋ]		現像
☐ **printing** [príntiŋ]		焼き付け
☐ **photo** [fóutou]		写真
☐ **panoramic photo** [pæmərǽmik fóutou]		パノラマ写真
☐ **glossy finish** [glɔ́(:)si fíniʃ]		光沢仕上げ
☐ **mat finish** [mæt fíniʃ]		絹目仕上げ
☐ **regular size** [régjulər saiz]		標準サイズ
☐ **enlarging** [inlá:rdʒiŋ]		引き伸ばし
☐ **copy** [kápi]		焼き増し
☐ **out of focus** [aut (ə)v fóukəs]		ピンボケ
☐ **overexposure** [òuvərikspóuʒər]		露出オーバー
☐ **underexposure** [ʌ̀ndərikspóuʒər]		露出不足
☐ **negative** [négətiv]		ネガ
☐ **disposable camera** [dispóuzəbl kæm(ə)rə]		使い捨てカメラ

いろいろなお店

パンを販売する bakery（ベイカリィ）

お菓子を販売する confectionery（コンフェクショネリィ）

お酒を販売する liquor store（リカァ ストー(ァ)）

衣服を販売する clothing store（クロウズィング ストー(ァ)）

紳士服を販売する tailor（テイラァ）

婦人服を販売する dressmaker（ドゥレスメイカァ）

靴を販売する shoemaker（シューメイカァ）

スポーツ用品を販売する sporting goods shop（スポーティング グッヅ シャップ）

自動車部品を販売する automobile parts shop（オートモビール パーツ シャップ）

花を販売する flower shop（フラウア シャップ）

楽器を販売する musical intrument shop（ミューズィカル インストゥルメント シャップ）

ベッド用品などを販売する sleep shop（スリープ シャップ）

宝石を販売する jewelry store（デューエルリィ ストー(ァ)）

電化製品を販売する electrical appliance store（イレクトゥリカル アプライアンス ストー(ァ)）

70

☐ **bakery** [béik(ə)ri]	パン屋
☐ **confectionery** [kənfékʃənèri]	お菓子屋
☐ **liquor store** [líkər stɔːr]	酒屋
☐ **clothing store** [klóuðiŋ stɔːr]	衣料品店
☐ **tailor** [téilər]	紳士服仕立屋
☐ **dressmaker** [drésmèikər]	婦人服仕立屋
☐ **shoemaker** [ʃúːmèikər]	靴屋
☐ **sporting goods shop** [spɔ́ːrtiŋ gudz ʃap]	スポーツ用品店
☐ **automobile parts shop** [ɔ́ːtəməbìːl paːrts ʃap]	自動車部品店
☐ **flower shop** [fláuər ʃap]	花屋
☐ **musical instrument shop** [mjúːzikəl ínstrəmənt ʃap]	楽器店
☐ **sleep shop** [sliːp ʃap]	寝具店
☐ **jewelry store** [dʒúːəlri stɔːr]	宝石店
☐ **electrical appliance store** [iléktrikəl əpláiəns stɔːr]	電気器具店

サービス業

日本式マッサージをする **acupressure** [アキュプレシァ]

はりで治療をする **acupuncture** [アキュパンクチァ]

衣類のクリーニングをする **laundry** [ローンドゥリィ]

車にガソリンを給油する **gas station** [ギャス ステイション]

引っ越しを代行する **moving service** [ムーヴィング サ～ヴィス]

宅配便で荷物を配達する **home-delivery company** [ホウム ディリヴ(ァ)リィ カンパニィ]

家の警備を引き受ける **security company** [セキュ(ア)リティ カンパニィ]

訴訟問題を取り扱う **attorney** [アタ～ニィ]

資金を融資する **financial company** [フィナンシャル カンパニィ]

就職をあっせんする **employment agency** [エンプロイメント エイヂェンスィ]

印刷を請け負う **printer** [プリンタァ]

個人的に勉強を教える **tutor** [テュータァ]

素行調査などを行う **detective agency** [ディテクティヴ エイヂェンスィ]

人の運勢を占う **fortune-telling** [フォーチュン テリング]

71

☐ **acupressure** [ǽkjuprèʃər]	指圧	
☐ **acupuncture** [ǽkjupÀŋktʃər]	はり	
☐ **laundry** [lɔ́:ndri]	クリーニング店	
☐ **gas station** [gæs stéiʃən]	ガソリンスタンド	
☐ **moving service** [mú:viŋ sə́:rvis]	引っ越し業者	
☐ **home-delivery company** [houm dilív(ə)ri kΛmp(ə)ni]	宅配業者	
☐ **security company** [sikjú(ə)rəti kΛmp(ə)ni]	警備会社	
☐ **attorney** [ətə́:rni]	弁護士 (専門用語)	
☐ **financial company** [finǽnəʃəl kΛm(p)əni]	金融会社	
☐ **employment agency** [implɔ́imənt éidʒənsi]	職業紹介業 (民間)	
☐ **printer** [príntər]	印刷屋	
☐ **tutor** [t(j)ú:tər]	家庭教師	
☐ **detective agency** [ditéktiv éidʒənsi]	探偵社	
☐ **fortune-telling** [fɔ́:rtʃən téliŋ]	占い	

いろいろな職業

人々が選択する様々な occupation(アキュペイション)

会社に勤める office worker(オ(ー)フィス ワ〜カァ)

お店で働く clerk(クラ〜ク)

農場で働く farmer(ファーマァ)

漁場で働く fisherman(フィシャマン)

公的な業務を行う civil servant(スィヴル サ〜ヴァント)

電力会社で働く electrician(イレクトゥリシャン)

家を建てる carpenter(カーペンタァ)

通訳をする interpreter(インタ〜プリタァ)

翻訳をする translator(トゥランスレイタァ)

音楽を作曲する songwriter(ソ(ー)ングライタァ)

絵を描く painter(ペインタァ)

薬を調合する pharmacist(ファーマスィスト)

雑貨店を営む grocer(グロウサァ)

72

□ **occupation** [ɑ̀kjupéiʃən]		職業
□ **office worker** [ɔ́(:)fis wə́:rkər]		サラリーマン
□ **clerk** [klə:rk]		店員
□ **farmer** [fɑ́:rmər]		農場主
□ **fisherman** [fíʃərmən]		漁師
□ **civil servant** [sívəl sə́:rvənt]		公務員
□ **electrician** [ilèktríʃən]		電気技師
□ **carpenter** [kɑ́:rpəntər]		大工
□ **interpreter** [intə́:rpritər]		通訳
□ **translator** [trænsléitər]		翻訳家
□ **songwriter** [sɔ́(:)ŋràitər]		作曲家
□ **painter** [péintər]		画家
□ **pharmacist** [fɑ́:rməsist]		薬剤師
□ **grocer** [gróusər]		食料雑貨店主

会社

世界有数の会社である **big business**

事業を営む **enterprise**

営利を追求する **company**

会社全体を統括する **main office**

全国に点在する会社の **branch**

商品を大量生産する **factory**

土日休みの **five-day week**

一度にまとめて取る **paid vacation**

会社から月末に受け取る **salary**

会社から支給される **allowance**

課長から部長への **promotion**

部長から課長への **demotion**

会社が従業員をクビにする **dismissal**

新たな仕事を探す **job hunting**

73

☐ **big business** [big bíznis]		大企業
☐ **enterprise** [éntərpràiz]		企業
☐ **company** [kÁmp(ə)ni]		会社
☐ **main office** [mein ɔ́(:)fis]		本社
☐ **branch** [bræntʃ]		支店
☐ **factory** [fǽkt(ə)ri]		工場
☐ **five-day week** [faiv dei wi:k]		週休2日制
☐ **paid vacation** [peid vəikéiʃən]		有給休暇
☐ **salary** [sǽl(ə)ri]		給料
☐ **allowance** [əláuəns]		手当
☐ **promotion** [prəmóuʃən]		昇進
☐ **demotion** [dimóuʃən]		降格
☐ **dismissal** [dismís(ə)l]		解雇
☐ **job hunting** [dʒɑb hÁntiŋ]		就職活動

会社での人間関係

会社の最高責任者である **chairman**(チェアマン)

会社の経営に直接責任を持つ **president**(プレズ(ィ)デント)

社長を補佐する **vice-president**(ヴァイス プレズ(ィ)デント)

管理職である **executive**(イクゼキュティヴ)

担当の部に責任を持つ **general manager**(ヂェネラル マネヂァ)

担当の課に責任を持つ **manager**(マネヂァ)

会社で働く **employee**(エンプロイイー)

正規に会社に雇用された **full-time worker**(フル タイム ワ~カァ)

部下を管理する **boss**(ボ(ー)ス)

上司の手足となる **subordinate**(サボーディネト)

同期に入社した会社の **colleague**(カリーグ)

あとから会社に入社した **junior**(ヂューニャ)

支店に責任を持つ **branch manager**(ブランチ マネヂァ)

工場に責任を持つ **plant manager**(プラント マネヂァ)

74

☐ **chairman** [tʃéərmən]		会長
☐ **president** [préz(ə)dənt]		社長
☐ **vice-president** [váis préz(ə)dənt]		副社長
☐ **executive** [igzékjutiv]		重役
☐ **general manager** [dʒénərəl mǽnidʒər]		部長
☐ **manager** [mǽnidʒər]		課長
☐ **employee** [implɔií:]		従業員
☐ **full-time worker** [fúl táim wə́:rkər]		正社員
☐ **boss** [bɔ(:)s]		上司
☐ **subordinate** [səbɔ́:rdənit]		部下
☐ **colleague** [káli:g]		同僚
☐ **junior** [dʒú:njər]		後輩
☐ **branch manager** [brǽntʃ mǽnidʒər]		支店長
☐ **plant manager** [plǽnt mǽnidʒər]		工場長

会社での仕事

会社間で行うビジネスの **transaction**（トゥランサクション）

取引における金額の **negotiation**（ニゴウシエイション）

相手に提出する金額の **projection**（プロヂェクション）

取引で受ける商品の **order**（オーダァ）

取引で結ぶ **contract**（カントゥラクト）

販売する商品の **price**（プライス）

商品を納める **date of delivery**（デイト（オヴ）ディリヴ（ァ）リィ）

工場から配送される **product**（プラダクト）

商品が保管される **warehouse**（ウェアハウス）

後日行われる代金の **payment**（ペイメント）

会社が上げる **profit**（プラフィト）

不渡り手形による会社の **loss**（ロ（ー）ス）

好景気による会社の **surplus**（サ〜プラス）

不景気による会社の **deficit**（デフィスィト）

75

☐ **transaction** [trænsækʃən]	取引
☐ **negotiation** [nigòuʃiéiʃən]	交渉
☐ **projection** [prədʒékʃən]	見積もり
☐ **order** [ɔ́:rdər]	注文
☐ **contract** [kántrækt]	契約
☐ **price** [prais]	価格
☐ **date of delivery** [deit (ə)v dilív(ə)ri]	納期
☐ **product** [prádəkt]	製品
☐ **warehouse** [wɛ́ərhàus]	倉庫
☐ **payment** [péimənt]	支払い
☐ **profit** [práfit]	利益
☐ **loss** [lɔ(:)s]	損失
☐ **surplus** [sə́:rpləs]	黒字
☐ **deficit** [défisit]	赤字

いろいろな学校

1歳から3歳児が入る **day-care center**

3歳から5歳児が対象の **nursery school**

4歳から6歳児が対象の **kindergarten**

6歳から通う **elementary school**

小学校の次に通う **junior high school**

中学校の次に通う **senior high school**

専門的技術を身につける **professional school**

さらに高度な学問を身につける **university**

学部が限られる **college**

2年制の大学の **junior college**

地元の社会に密着した **community college**

大学の次に進む **graduate school**

弁護士を養成する **law school**

海外の日本の子女が通う **Japanese school**

☐ **day-care center** [déi kéər séntər]	保育室
☐ **nursery school** [nə́:rs(ə)ri sku:l]	保育所
☐ **kindergarten** [kíndərgà:rtn]	幼稚園
☐ **elementary school** [èləméntəri sku:l]	小学校
☐ **junior high school** [dʒú:njər hai sku:l]	中学校
☐ **senior high school** [sí:njər hai sku:l]	高校
☐ **professional school** [prəféʃ(ə)nəl sku:l]	専門学校
☐ **university** [jù:nəvə́:rsəti]	総合大学
☐ **college** [kálidʒ]	単科大学
☐ **junior college** [dʒú:njər kálidʒ]	短期大学
☐ **community college** [kəmjú:nəti kálidʒ]	地域大学
☐ **graduate school** [grǽdʒuèit sku:l]	大学院
☐ **law school** [lɔ: sku:l]	ロースクール (法学部)
☐ **Japanese school** [dʒæpəní:z sku:l]	日本人学校

先生と生徒

保育園児の世話をする **nursery teacher**
ナ〜サリィティーチャ

幼稚園児の世話をする **kindergarten teacher**
キンダガートゥンティーチャ

学校の運営に責任を持つ **principal**
プリンスィパル

クラスを担任する **home-room teacher**
ホウムル(ー)ムティーチャ

生徒の心をケアする **student adviser**
ステューデント アドゥヴァイザァ

生徒の健康を管理する **school nurse**
スクールナース

大学で教鞭をとる **professor**
プロフェサァ

ゆくゆくは教授をめざす **assistant professor**
アスィスタントプロフェサァ

小学校に通う元気がいい **schoolchild**
スクールチャイルド

小学校に入学したての **first grader**
ファ〜スト グレイダァ

大学に入学したばかりの **freshman**
フレシマン

新入生の次の **sophomore**
サフォモー(ァ)

2年生の次の **junior**
デューニャ

大学4年生の **senior**
スィーニャ

174

☐ **nursery teacher** [nə́:rs(ə)ri tí:tʃər]	保育士
☐ **kindergarten teacher** [kíndərgà:rtn tí:tʃər]	幼稚園の先生
☐ **principal** [prínsəp(ə)l]	校長
☐ **home-room teacher** [hóumrù(:)m tí:tʃər]	担任の先生
☐ **student adviser** [st(j)ú:dnt ədváizər]	カウンセラー
☐ **school nurse** [sku:l nə:rs]	保健医 (学校を巡回する看護師)
☐ **professor** [prəfésər]	教授
☐ **assistant professor** [əsístənt prəfésər]	助教授
☐ **schoolchild** [skú:ltʃàild]	小学生
☐ **first grader** [fə:rst gréidər]	1年生（小学校の）
☐ **freshman** [fréʃmən]	新入生（高校・大学の）
☐ **sophomore** [sáfəmɔ̀:r]	2年生
☐ **junior** [dʒú:njər]	3年生
☐ **senior** [sí:njər]	最上級生

入学時の健康診断と予防接種

入学時に行う physical examination
（フィズィカル イグザミネイション）

身体検査で調べる build
（ビルド）

体重と height
（ハイト）

胸回りの chest measurement
（チェスト メジァメント）

音に対する hearing
（ヒ(ア)リング）

色に対する color-blindness
（カラァ ブラインドネス）

歯科医が調べる decayed tooth
（ディケイド トゥース）

ワクチンを打つ vaccination
（ヴァクスィネイション）

病気の予防に打つ inoculation
（イナキュレイション）

幼児がかかりやすい epidemic
（エピデミク）

代表的な伝染病の measles
（ミーズルズ）

はしかに似た rubella
（ルーベラァ）

ほっぺたが腫れる mumps
（マンプス）

せきが長く続く whooping cough
（フーピング コ(ー)フ）

☐ **physical examination** [fízikəl igzæmənéiʃən]	身体検査
☐ **build** [bild]	体格
☐ **height** [hait]	身長
☐ **chest measurement** [tʃest méʒərmənt]	胸囲
☐ **hearing** [hí(ə)riŋ]	聴力
☐ **color-blindness** [kʌ́lər blaindnis]	色盲
☐ **decayed tooth** [dikéid tu:θ]	虫歯
☐ **vaccination** [væksənéiʃən]	予防接種
☐ **inoculation** [inɑ̀kjuléiʃən]	予防注射
☐ **epidemic** [èpədémik]	伝染病
☐ **measles** [mí:zlz]	はしか (単数扱い)
☐ **rubella** [ru:bélə]	風疹(ふうしん)
☐ **mumps** [mʌmps]	おたふく風邪
☐ **whooping cough** [hu:piŋ kɔ(:)f]	百日ぜき

小学校

児童が無償で教育を受ける **compulsory education**

公的に運営される **public school**

個人や団体が設立した **private school**

地域で区切られる **school district**

地域で分かれる学力の **educational level**

学校へ入る **admission**

私立校への入学で支払う **entrance fee**

年間で支払う **tuition**

1年ごとにステップアップする **grade**

授業の一環として行う **student activities**

父母が参加する **parent's day**

教室における生徒の **attitude in class**

テストと先生の評価で取得する **grade**

成績が記された **report card**

☐ **compulsory education** [kəmpʌ́ls(ə)ri èdʒukéiʃən]	義務教育
☐ **public school** [pʌ́blik skuːl]	公立校
☐ **private school** [práivət skuːl]	私立校
☐ **school district** [skuːl dístrikt]	学区
☐ **educational level** [èdʒukéiʃ(ə)nəl lévəl]	教育水準
☐ **admission** [ədmíʃən]	入学
☐ **entrance fee** [éntrəns fiː]	入学金
☐ **tuition** [t(j)uːíʃən]	授業料
☐ **grade** [greid]	学年
☐ **student activities** [st(j)úːdnt æktívətiz]	課外活動
☐ **parent's day** [pɛ́(ə)rənts dei]	参観日
☐ **attitude in class** [ǽtit(j)ùːd in klæs]	授業態度
☐ **grade** [greid]	成績
☐ **report card** [ripɔ́ːrt kɑːrd]	成績表

学用品

小学校の入学でそろえる **school supplies** (スクールサプライズ)

学用品として必要な **stationery** (ステイショネリィ)

鉛筆を入れる **pencil case** (ペンスルケイス)

ノックして芯を出す **mechanical pen** (メキャニカルペン)

インクがなめらかに出る **ball-point pen** (ボールポイントペン)

文字を消す **eraser** (イレイサァ)

線を引く **ruler** (ルーラァ)

角度を測る **protractor** (プロウトゥラクタァ)

色を塗る **colored pencil** (カラァドペンスル)

鉛筆をとがらせる **pencil sharpener** (ペンスルシャープナァ)

紙を切る **scissors** (スィザズ)

紙を貼りつける **glue** (グルー)

紙をとじる **stapler** (ステイプラァ)

メモをとる **memo pad** (メモウパッド)

80

☐ **school supplies** [skuːl səpláiz]	学用品	
☐ **stationery** [stéiʃənèri]	文房具	
☐ **pencil case** [péns(ə)l keis]	筆箱	
☐ **mechanical pen** [mikǽnikəl pen]	シャープペン	
☐ **ball-point pen** [bɔ́ːlpɔ̀int pen]	ボールペン	
☐ **eraser** [iréisər]	消しゴム	
☐ **ruler** [rúːlər]	定規	
☐ **protractor** [proutrǽktər]	分度器	
☐ **colored pencil** [kʌ́lərd péns(ə)l]	色鉛筆	
☐ **pencil sharpener** [péns(ə)l ʃáːrp(ə)nər]	鉛筆削り	
☐ **scissors** [sízərz]	はさみ (複数形で)	
☐ **glue** [gluː]	のり	
☐ **stapler** [stéiplər]	ホチキス	
☐ **memo pad** [mémou pæd]	メモ帳	

学校の施設

学校の正面にある **school gate**

玄関に飾られた創始者の **bust**

2階建ての **school house**

校庭にたなびく **school flag**

校舎と校舎の間にある **quadrangle**

生徒が授業を受ける **class room**

化学の実験を行う **laboratory**

生徒の怪我や病気の処置をする **nurse's office**

先生方が控える **staff room**

昼食をとる **cafeteria**

会議に使う **assembly room**

講演で使用する **auditorium**

運動で使う室内の **gymnasium**

野球やサッカーをする屋外の **play ground**

☐ **school gate** [skuːl geit]	校門
☐ **bust** [bʌst]	胸像
☐ **school house** [skuːl haus]	校舎
☐ **school flag** [skuːl flæg]	校旗
☐ **quadrangle** [kwádræŋgl]	中庭
☐ **class room** [klæs ruː(ː)m]	教室
☐ **laboratory** [læb(ə)rətɔ̀ːri]	実験室
☐ **nurse's office** [nəːrsiz ɔ́(ː)fis]	保健室
☐ **staff room** [stæf ruː(ː)m]	教員室
☐ **cafeteria** [kæ̀fətí(ː)riə]	食堂
☐ **assembly room** [əsémbli ruː(ː)m]	集会室
☐ **auditorium** [ɔ̀ːdətɔ́ːriəm]	講堂
☐ **gymnasium** [dʒimnéiziəm]	体育館
☐ **play ground** [plei graund]	運動場

教科

1週間の流れがわかる授業の **weekly schedule**

授業で学ぶ様々な **subject**

自然界の現象などを学ぶ **science**

物質の性質などを学ぶ **chemistry**

動植物などを学ぶ **biology**

情報処理などを学ぶ **computer study**

地形などを学ぶ **geography**

過去の出来事を学ぶ **history**

国の仕組みなどを学ぶ **government**

社会の仕組みなどを学ぶ **social studies**

数の計算などを学ぶ **arithmetic**

数の方程式などを学ぶ **mathematics**

料理や裁縫などを学ぶ **home economics**

体を鍛える **PE**（physical education）

82

☐ **weekly schedule** [wí:kli skédju:l]	時間割り表
☐ **subject** [sʌ́bdʒikt]	科目
☐ **science** [sáiəns]	科学
☐ **chemistry** [kémistri]	化学
☐ **biology** [baiálədʒi]	生物学
☐ **computer study** [kəmpjú:tər stʌ́di]	情報科学
☐ **geography** [dʒiágrəfi]	地理
☐ **history** [híst(ə)ri]	歴史
☐ **government** [gʌ́vər(n)mənt]	政治
☐ **social studies** [sóuʃəl stʌ́diz]	社会学
☐ **arithmetic** [ərίθmətik]	算数
☐ **mathematics** [mæθəmǽtiks]	数学
☐ **home economics** [houm ì:kənámiks]	家庭料
☐ **PE** [pi:i:]	体育

語学

母国語以外の言語を学ぶ **foreign language** (フォ(ー)リンラングウィヂ)

日本人にとって難しい英語の **pronunciation** (プロナンスィエイション)

日本語とまったく違う **grammar** (グラマァ)

覚えなければならない **vocabulary** (ヴォウキャビュレリィ)

覚えるしかない **idiom** (イディオム)

名詞の前にaのつく **singular** (スィンギュラァ)

名詞の語尾にsがつく **plural** (プル(ア)ラル)

人と話をする **conversation** (カンヴァセイション)

表立って人前で使えない **slang** (スラング)

地方によって違う言葉の **dialect** (ダイアレクト)

公的機関が実施する **certification exam** (サ(〜)ティフィケイション イグザム)

ペーパーで行う **written test** (リトゥンテスト)

面接で行う **oral test** (オーラルテスト)

文章を書く **composition** (カンポズィション)

☐ **foreign language** [fɔ́(:)rin lǽŋgwidʒ]	外国語
☐ **pronunciation** [prənʌ̀nsiéiʃən]	発音
☐ **grammar** [grǽmər]	文法
☐ **vocabulary** [voukǽbjulèri]	語彙
☐ **idiom** [ídiəm]	熟語
☐ **singular** [síŋgjulər]	単数
☐ **plural** [plú(ə)rəl]	複数
☐ **conversation** [kànvərséiʃən]	会話
☐ **slang** [slæŋ]	俗語
☐ **dialect** [dáiəlekt]	方言
☐ **certification exam** [sə̀:rtəfikéiʃən igzǽm]	検定試験
☐ **written test** [rítn test]	筆記試験
☐ **oral test** [ɔ́:rəl test]	口述試験
☐ **composition** [kàmpəzíʃən]	作文

学校生活

学校の授業に出る **attendance**
アテンダンス

病気で授業に出ない **absence**
アブスンス

授業と授業の合間にある **recess**
リーセス

授業が終わったあとの **after school**
アフタスクール

好きな授業の **strong subject**
ストゥロ(ー)ング サブヂェクト

苦手な授業の **weak subject**
ウィーク サブヂェクト

長期間にわたる夏の **summer vacation**
サマ ァヴェイケイション

学校での陰湿な **bullying**
ブリィイング

いじめによる学校の **refusal to attend school**
リフューザル トゥ アテンド スクール

登校拒否による **temporary absence**
テンポレリィ アブスンス

別の学校への **transfer**
トゥランスファ〜

素行不良の生徒に対する **suspension**
サスペンション

学校をやめる **dismissal**
ディスミサル

勉強の挫折による **dropout**
ドゥラバウト

188

84

☐ **attendance** [əténdəns]	出席
☐ **absence** [ǽbs(ə)ns]	欠席
☐ **recess** [ríːses]	休み時間
☐ **after school** [ǽftər skuːl]	放課後
☐ **strong subject** [strɔ(ː)ŋ sʌ́bdʒikt]	得意科目
☐ **weak subject** [wiːk sʌ́bdʒikt]	不得意科目
☐ **summer vacation** [sʌ́mər veikéiʃən]	夏休み
☐ **bullying** [búliŋ]	いじめ
☐ **refusal to attend school** [rifjúːz(ə)l tə əténd skúːl]	登校拒否
☐ **temporary absence** [témp(ə)rèri ǽbs(ə)ns]	休学
☐ **transfer** [trænsfə́ːr]	転校
☐ **suspension** [səspénʃən]	停学
☐ **dismissal** [dismís(ə)l]	退学
☐ **dropout** [drápàut]	中途退学

病院

医療施設が完備した **general hospital** (チェネラル ハスピトゥル)

受付で提出する **consultation card** (カンサルテイション カード)

診察が午前と午後に分かれる **office hours** (オ(ー)フィス アウア)

ドクターが診察で行う **diagnosis** (ダイアグノウスィス)

ドクターが診断で書く **medical certificate** (メディカル サ(〜)ティフィケト)

ドクターが渡す薬の **prescription** (プリスクリプション)

診察で支払う **medical fee** (メディカル フィー)

手術のための病院への **admission** (アドゥミション)

入院患者が集まる **ward** (ウォード)

ベッドで用を足す **chamber pot** (チェインバァ パット)

治療でよくなる病気の **symptom** (スィン(プ)トン)

病室を訪れる **visitor** (ヴィズィタァ)

歩行できない患者が使う **wheelchair** ((フ)ウィールチェア)

歩行を補佐する **crutch** (クラッチ)

190

85

☐ **general hospital** [dʒénərəl háspitl]		総合病院
☐ **consultation card** [kàns(ə)ltéiʃən kɑːrd]		診察券
☐ **office hours** [ɔ́(ː)fis áuər]		診察時間
☐ **diagnosis** [dàiəgnóusis]		診断
☐ **medical certificate** [médikəl sə(ː)rtífikət]		診断書
☐ **prescription** [priskrípʃən]		処方せん
☐ **medical fee** [médikəl fiː]		診察料
☐ **admission** [ədmíʃən]		入院
☐ **ward** [wɔːrd]		病棟
☐ **chamber pot** [tʃéimbər pat]		しびん
☐ **symptom** [sím(p)təm]		症状
☐ **visitor** [vízitər]		見舞客
☐ **wheelchair** [(h)wíːltʃɛ̀ər]		車椅子
☐ **crutch** [krʌtʃ]		松葉づえ

診察の申し込み

病院を訪れる **patient**

病院での患者の **medical examination**

受付で記入する **application form**

独身か既婚かの **marital status**

結婚前に使っていた名前の **maiden name**

出生における **birth date**

生まれた場所の **birth place**

自宅で使用している電話の **home phone**

宗教で信仰している **Christianity**

事前に知っておくべき薬による **allergy**

喫煙の可否を尋ねる **smoker**

過去の入院における **year previously admitted**

かかりつけドクターの **attending physician**

医療費を支払う **person responsible**

☐ **patient** [péiʃənt]	患者
☐ **medical examination** [médikəl igzæmənéiʃən]	診察
☐ **application form** [æpləkéiʃən fɔːrm]	申込用紙
☐ **marital status** [mærətl stéitəs]	結婚事情
☐ **maiden name** [méidn neim]	旧姓
☐ **birth date** [bəːrθ deit]	生年月日
☐ **birth place** [bəːrθ pleis]	出生地
☐ **home phone** [houm foun]	自宅電話番号
☐ **Christianity** [krìstʃiǽniti]	キリスト教
☐ **allergy** [ǽlərdʒi]	アレルギー
☐ **smoker** [smóukər]	喫煙者
☐ **year previously admitted** [jiər príːviəsli ədmítid]	前回入院した年度
☐ **attending physician** [əténdiŋ fəzíʃən]	家庭医
☐ **person responsible** [pə́ːrsn rispánsəbl]	責任のある人

診察室

患者が診察で入る **examining room**

医者が着る **white coat**

血圧を測る **blood pressure gauge**

血圧計で調べる **blood pressure**

医者が首にさげる **stethoscope**

頭につける **reflecting mirror**

のどをみる **bronchial scope**

患者が横たわる **examining table**

医者が透かしてみるレントゲンの **X-ray film**

医者が病状を記入する **patient's chart**

患者の腕に打つ **syringe**

注射器の先の **injection needle**

腕を消毒する白い **sanitary cotton**

それをつまみ出す **tweezers**

☐ **examining room** [igzǽminiŋ ru(:)m]		診察室
☐ **white coat** [(h)wáit kóut]		白衣
☐ **blood pressure gauge** [blʌ́d préʃər geidʒ]		血圧計
☐ **blood pressure** [blʌ́d préʃər]		血圧
☐ **stethoscope** [stéθəskòup]		聴診器
☐ **reflecting mirror** [rifléktiŋ mírər]		額帯鏡
☐ **bronchial scope** [bráŋkiəl skoup]		気管支鏡
☐ **examining table** [igzǽminiŋ téibl]		診察台
☐ **X-ray film** [éksrèi film]		X線フィルム
☐ **patient's chart** [péiʃənts tʃɑ:rt]		カルテ
☐ **syringe** [siríndʒ]		注射器
☐ **injection needle** [indʒékʃən ní:dl]		注射針
☐ **sanitary cotton** [sǽnətèri kátn]		消毒綿
☐ **tweezers** [twí:zərz]		ピンセット (複数形で)

診療科

外来患者が訪れる **outpatient department**（OPD）
アトゥペイシェント ディパートゥメント

内臓疾患をみる **internal medicine**
インター〜ヌルメデ(ィ)スン

外傷などをみる **surgery**
サ〜ヂ(ェ)リィ

脳を手術する **cerebral surgery**
セリーブラル サ〜ヂ(ェ)リィ

運動器官系をみる **orthopedics**
オーソピーディクス

呼吸器系をみる **pulmonary**
パルモナリィ

皮膚病などをみる **dermatology**
ダ〜マタロジィ

精神障害をみる **psychiatry**
サイカイアトゥリィ

子供の病気をみる **pediatrics**
ピーディアトゥリクス

女性疾患をみる **gynecology**
ガイネカロヂィ

妊娠・出産をみる **obstetrics**
オブステトゥリクス

目の疾患などをみる **ophthalmology**
オフサルマロジィ

耳鼻の疾患などをみる **otolaryngology**
オゥトゥラリンガロジィ

目・鼻・胸を手術して美しくする **cosmetic surgery**
カズメティク サ〜ヂ(ェ)リィ

☐ **outpatient department** [áutpèiʃənt dipáːrtmənt]	外来診療科	
☐ **internal medicine** [intə́ːrnl méd(ə)sən]	内科	
☐ **surgery** [sə́ːrdʒ(ə)ri]	外科	
☐ **cerebral surgery** [səríːbrəl sə́ːrdʒ(ə)ri]	脳外科	
☐ **orthopedics** [ɔ̀ːrθəpíːdiks]	整形外科（単数扱い）	
☐ **pulmonary** [pʌ́lmənèri]	呼吸器科	
☐ **dermatology** [də̀ːrmətálədʒi]	皮膚科	
☐ **psychiatry** [saikáiətri]	精神科	
☐ **pediatrics** [pìːdiǽtriks]	小児科（単数扱い）	
☐ **gynecology** [gàinəkálədʒi]	婦人科	
☐ **obstetrics** [əbstétriks]	産科（単数扱い）	
☐ **ophthalmology** [àfθælmálədʒi]	眼科	
☐ **otolaryngology** [óutoulæ̀riŋgálədʒi]	耳鼻咽喉科	
☐ **cosmetic surgery** [kɑzmétik sə́ːrdʒ(ə)ri]	美容整形	

救急車

救急車が出動する **emergency**
エマ〜ヂェンスイ

事故現場に向かう **ambulance**
アンビュランス

患者を運ぶ **stretcher**
ストゥレチャ

救急車内での **first aid**
ファ〜スト エイド

呼吸停止した患者への **artificial respiration**
アーティフィシャル レスピレイション

患者を至急入れる病院の **emergency room**
エマ〜ヂェンスィル(ー)ム

そこで行う緊急の **treatment**
トゥリートゥメント

心電計に記録される **cardiogram**
カーディオグラム

患者に打たれる **anesthesia**
アネススィージャ

大がかりな **operation**
アペレイション

低下する **blood pressure**
ブラッド プレシア

ドクドクと出る **bleeding**
ブリーディング

体内への **blood transfusion**
ブラッド トゥランスフュージョン

同じ型の **blood type**
ブラッド タイプ

☐ **emergency** [imə́ːrdʒənsi]	緊急事態
☐ **ambulance** [ǽmbjuləns]	救急車
☐ **stretcher** [strétʃər]	担架
☐ **first aid** [fəːrst eid]	応急手当て
☐ **artificial respiration** [àːrtəfíʃəl rèspəréiʃən]	人工呼吸
☐ **emergency room** [imə́ːrdʒənsi ru(ː)m]	緊急処置室
☐ **treatment** [tríːtmənt]	治療
☐ **cardiogram** [káːrdiəgræm]	心電図
☐ **anesthesia** [ænəsθíːʒə]	麻酔
☐ **operation** [àpəréiʃən]	手術
☐ **blood pressure** [blʌd préʃər]	血圧
☐ **bleeding** [blíːdiŋ]	出血
☐ **blood transfusion** [blʌd trænsfjúːʒən]	輸血
☐ **blood type** [blʌd taip]	血液型

顔の各部名称

広いおでこの **forehead** (フォ(ー)レド)

頭痛で痛む **temple** (テンプル)

ひたいにできる **furrow** (ファ〜ロウ)

ひたいの下の **eyebrow** (アイブラウ)

目をつぶる **eyelid** (アイリド)

目をほこりから守る **eyelash** (アイラシ)

目に入る光を調節する **pupil** (ピューブル)

鼻の穴の **nostril** (ナストゥリル)

味を感じる **tongue** (タング)

耳のふっくらした **lobe** (ロウブ)

真っ赤なほおの **cheek** (チーク)

笑うとできる **dimple** (ディンプル)

四角く張った **jaw** (チョー)

口の下の **chin** (チン)

90

☐ **forehead** [fɔ́(:)rid]	ひたい
☐ **temple** [témpl]	こめかみ
☐ **furrow** [fɔ́:rou]	しわ
☐ **eyebrow** [áibràu]	まゆげ
☐ **eyelid** [áilìd]	まぶた
☐ **eyelash** [áilæ̀ʃ]	まつげ
☐ **pupil** [pjú:p(ə)l]	瞳孔
☐ **nostril** [nástrəl]	鼻孔
☐ **tongue** [tʌŋ]	舌
☐ **lobe** [loub]	耳たぶ
☐ **cheek** [tʃi:k]	ほっぺた
☐ **dimple** [dímpl]	えくぼ
☐ **jaw** [dʒɔ:]	あご
☐ **chin** [tʃin]	あご (先端)

人体の名称

人間の体の **human body**(ヒューマンバディ)

頭を支える **neck**(ネック)

声変わりで突き出る **Adam's apple**(アダムズアプル)

鏡がなければ見えない **back**(バック)

くすぐるとこそばゆい **armpit**(アームピット)

ろっ骨でおおわれた **chest**(チェスト)

ふっくらした女性の **breast**(ブレスト)

乳房の先の **nipple**(ニプル)

安産型の大きな **buttocks**(バトックス)

おなかの中央にある **navel**(ネイヴァル)

女性が気にする太い **thigh**(サイ)

弁慶の泣きどころの **shin**(シン)

すねのうしろ側の **calf**(キャフ)

足の先の **toe**(トウ)

91

☐ **human body** [hjú:mən bádi]	人体
☐ **neck** [nek]	首
☐ **Adam's apple** [ǽdəmz ǽpl]	のどぼとけ
☐ **back** [bæk]	背中
☐ **armpit** [á:rmpìt]	脇
☐ **chest** [tʃest]	胸
☐ **breast** [brest]	乳房
☐ **nipple** [nípl]	乳首
☐ **buttocks** [bʌ́təks]	尻（ふつう複数形で）
☐ **navel** [néivəl]	へそ
☐ **thigh** [θai]	もも
☐ **shin** [ʃin]	すね
☐ **calf** [kæf]	ふくらはぎ
☐ **toe** [tou]	足の指

内臓の名称

人間の思考をつかさどる **cerebrum**（セリーブラム）

本能をつかさどる **cerebellum**（セリベラム）

脳に情報を伝達する **nerve**（ナーヴ）

全身に張りめぐらされた **blood vessel**（ブラッドヴェスル）

体内で機能する **internal organs**（インターヌル オーガンズ）

呼吸をつかさどる **lung**（ラング）

食物の消化をつかさどる **stomach**（スタマク）

アルコールの分解をつかさどる **liver**（リヴァ）

風邪で炎症を起こす **bronchus**（ブランカス）

食物を胃に送る **esophagus**（イサファガス）

胃から腸につながる **duodenum**（デ(ュ)ウオディーナム）

栄養を吸収する **small intestines**（スモール インテスティンズ）

便を排せつする **large intestine**（ラーヂ インテスティン）

便の出口である **anus**（エイナス）

☐ **cerebrum** [sərí:brəm]	大脳
☐ **cerebellum** [sèribéləm]	小脳
☐ **nerve** [nə:rv]	神経
☐ **blood vessel** [blʌd vésl]	血管
☐ **internal organs** [intə́:rnl ɔ́:rgənz]	内臓
☐ **lung** [lʌŋ]	肺
☐ **stomach** [stʌ́mək]	胃
☐ **liver** [lívər]	肝臓
☐ **bronchus** [bráŋkəs]	気管支
☐ **esophagus** [isáfəgəs]	食道
☐ **duodenum** [d(j)ù:ədí:nəm]	十二指腸
☐ **small intestines** [smɔ:l intéstinz]	小腸（ふつう複数形で）
☐ **large intestine** [lɑ:rdʒ intéstin]	大腸
☐ **anus** [éinəs]	肛門

病気の症状

ゼーゼーする breath(ブレス)

ドキドキする palpitation(パルビテイション)

ヒックヒックする hiccup(ヒカプ)

フラフラする anemia(アニーミア)

ゾクゾクする chill(チル)

ゴホンゴホンする cough(コ(ー)フ)

ムカムカする nausea(ノーズィア)

チクチクする胃の pain(ペイン)

ダラダラ出る sweat(スウェト)

クシュンと出る sneeze(スニーズ)

プープー出る gas(ギャス)

ペッペッと出す phlegm(フレム)

ビビビビビーと出る diarrhea(ダイアリーア)

ウ〜ンと気張っても出ない constipation(カンスティペイション)

☐ **breath** [breθ]	呼吸
☐ **palpitation** [pælpətéiʃən]	動悸(どうき)
☐ **hiccup** [híkʌp]	しゃっくり
☐ **anemia** [əníːmiə]	貧血
☐ **chill** [tʃil]	寒け
☐ **cough** [kɔ(ː)f]	せき
☐ **nausea** [nɔ́ːziə]	吐きけ
☐ **pain** [pein]	痛み
☐ **sweat** [swet]	汗
☐ **sneeze** [sniːz]	くしゃみ
☐ **gas** [gæs]	おなら
☐ **phlegm** [flem]	たん
☐ **diarrhea** [dàiəríːə]	下痢
☐ **constipation** [kànstəpéiʃən]	便秘

病名①

関節や筋肉が痛む rheumatism（ルマティズム）

ブツブツと発疹が出る hives（ハイヴズ）

ゴホゴホとせきが出る asthma（アズマ）

肛門に炎症を起こす piles（パイルズ）

血圧の低い low blood pressure（ロウブラッドプレシァ）

血圧の高い high blood pressure（ハイブラッドプレシァ）

気管支に炎症を起こす bronchitis（ブランカイティス）

風邪をこじらせて起きる pneumonia（ニュ（ー）モウニャ）

結核菌によって起きる tuberculosis（テュバ～キュロウスィス）

下腹部に痛みが走る appendicitis（アペンディサイティス）

尿に糖が出る diabetes（ダイアビーティス）

食べ物にあたる food poisoning（フードポイゾニング）

お酒に依存する alcoholism（アルコホ（ー）リズム）

麻薬に依存する drug addiction（ドゥラッグ アディクション）

☐ **rheumatism** [rúːmətìzm]	リューマチ
☐ **hives** [haivz]	じんましん
☐ **asthma** [ǽzmə]	ぜんそく
☐ **piles** [pailz]	痔（ふつう複数形で）
☐ **low blood pressure** [lou blʌd préʃər]	低血圧
☐ **high blood pressure** [hai blʌd préʃər]	高血圧
☐ **bronchitis** [brɑŋkáitis]	気管支炎
☐ **pneumonia** [n(j)u(ː)móunjə]	肺炎
☐ **tuberculosis** [t(j)ubəːrkjulóusis]	結核
☐ **appendicitis** [əpèndisáitis]	盲腸炎
☐ **diabetes** [dàiəbíːtis]	糖尿病
☐ **food poisoning** [fuːd pɔ́iz(ə)niŋ]	食中毒
☐ **alcoholism** [ǽlkəhɔ(ː)lìzm]	アルコール中毒
☐ **drug addiction** [drʌg ədíkʃən]	麻薬中毒

病名 ②

暴飲暴食による gastritis（ギャストライティス）

すっぱいものがこみ上げる hyperacidity（ハイパアシディティ）

ストレスからくる ulcer（アルサァ）

十二指腸にできる duodenal ulcer（ド(ュ)ーオディーヌル アルサァ）

肝臓をわずらう liver disease（リヴァ ディズィーズ）

腎臓をわずらう kidney disease（キドゥニィ ディズィーズ）

心臓をわずらう heart disease（ハート ディズィーズ）

心臓に突然痛みが起きる heart attack（ハート アタック）

心臓機能の低下による heart failure（ハート フェイリャ）

動脈壁が硬くなる arteriosclerosis（アーティアリオウスクラロウスィス）

肝臓に炎症を起こす hepatitis（ヘパタイティス）

白血球に異常を起こす leukemia（ルーキーミア）

脳の循環障害による stroke（ストゥロウク）

死ぬこともある悪性腫瘍の cancer（キャンサァ）

95

☐ **gastritis** [gæstráitis]	胃炎
☐ **hyperacidity** [háipərəsìdəti]	胃酸過多症
☐ **ulcer** [ʌ́lsər]	かいよう
☐ **duodenal ulcer** [d(j)ùːədíːnl ʌ́lsər]	十二指腸かいよう
☐ **liver disease** [lívər dizíːz]	肝臓病
☐ **kidney disease** [kídni dizíːz]	腎臓病
☐ **heart disease** [hɑːrt dizíːz]	心臓病
☐ **heart attack** [hɑːrt ətǽk]	心臓発作
☐ **heart failure** [hɑːrt féiljər]	心不全
☐ **arteriosclerosis** [ɑːrtìəriouskləróusəs]	動脈硬化
☐ **hepatitis** [hèpətáitis]	肝炎
☐ **leukemia** [luːkíːmiə]	白血病
☐ **stroke** [strouk]	脳卒中
☐ **cancer** [kǽnsər]	ガン

病名③

ガミガミとうるさい **hysteria** (ヒスティ(ア)リア)

精神が不安定になる **neurosis** (ニュ(ア)ロウスィス)

神経がすりへる **nervous breakdown** (ナ〜ヴァスブレイクダウン)

なかなか眠れない **insomnia** (インサムニア)

精神に異常をきたす **psychosis** (サイコウシス)

支離滅裂になる **schizophrenia** (スキッツァフリーニア)

発作的にけいれんする **epilepsy** (エピレプスィ)

脳に障害を持つ **cerebral palsy** (セリーブラル ポールジィ)

老年期を迎えた女性の **menopausal troubles** (メノポーザル トゥラブルズ)

生理が安定しない **menstrual irregularity** (メンストゥルアル イレギュラリティ)

生理で痛みをおぼえる **periodical pain** (ピ(ア)リアディカル ペイン)

妊娠できない **sterility** (ステリリティ)

子宮を切除することもある **uterine cancer** (ユータリン キャンサァ)

セックスが原因で感染する **venereal disease** (ヴェニ(ア)リアル ディズィーズ)

☐ **hysteria** [histí(ə)riə]	ヒステリー
☐ **neurosis** [n(j)u(ə)róusis]	ノイローゼ
☐ **nervous breakdown** [nə́ːrvəs bréikdàun]	神経衰弱
☐ **insomnia** [insámniə]	不眠症
☐ **psychosis** [saikóusis]	精神病
☐ **schizophrenia** [skìtsəfríːniə]	統合失調症
☐ **epilepsy** [épəlèpsi]	てんかん
☐ **cerebral palsy** [seríːbrəl pɔ́ːlzi]	脳性まひ
☐ **menopausal troubles** [ménəpɔ̀ːzl tráblz]	更年期障害
☐ **menstrual irregularity** [ménstruəl irègjulǽrəti]	月経不順
☐ **periodical pain** [pì(ə)riádikəl pein]	生理痛
☐ **sterility** [stəríləti]	不妊症
☐ **uterine cancer** [júːtərin kǽnsər]	子宮ガン
☐ **venereal disease** [vəníː(ə)riəl dizíːz]	性病

病気と怪我

肩がガチガチになる	**stiff neck and shoulders** (スティフ ネック アンド ショウルダァズ)
腕が痛くて上がらない	**frozen shoulder** (フロゥズン ショウルダァ)
手足がビリビリする	**numbness** (ナムナス)
神経に痛みが走る	**neuralgia** (ニュ(ア)ラルヂア)
腰が痛い	**lower-back pain** (ロゥアバックペイン)
ころんで怪我をする	**abrasion** (アブレイジョン)
バレーボールで指を突く	**sprained finger** (スプレインド フィンガァ)
足をギクッとする	**sprain** (スプレイン)
事故による	**injury** (インヂ(ュ)リィ)
強く身体を打つ	**bruise** (ブルーズ)
関節がはずれる	**dislocation** (ディスロウケイション)
みるみる患部がふくれる	**swelling** (スウェリング)
ボキッと骨が折れる	**fracture** (フラクチァ)
車の追突で首をいためる	**whiplash injury** ((フ)ウィプラシ インヂ(ュ)リィ)

97

☐ **stiff neck and shoulders** [stif nek ənd ʃóuldərz]	肩こり
☐ **frozen shoulder** [fróuzn ʃóuldər]	五十肩
☐ **numbness** [nʌ́mnis]	しびれ
☐ **neuralgia** [n(j)u(ə)rǽldʒə]	神経痛
☐ **lower-back pain** [lóuər bæk pein]	腰痛
☐ **abrasion** [əbréiʒən]	すり傷
☐ **sprained finger** [spreind fíŋgər]	突き指
☐ **sprain** [sprein]	ねんざ
☐ **injury** [índʒ(ə)ri]	怪我
☐ **bruise** [bru:z]	打撲
☐ **dislocation** [disloukéiʃən]	脱きゅう
☐ **swelling** [swéliŋ]	はれ
☐ **fracture** [frǽktʃər]	骨折
☐ **whiplash injury** [(h)wíplæʃ índʒ(ə)ri]	むちうち症

皮膚病

ムズムズする皮膚の **itch**（イッチ）

体からムンムン出る **body odor**（バディオウダァ）

汗を拭かないとできる **prickly heat**（プリクリィヒート）

思春期にできる **pimple**（ピンプル）

ほっぺたにできる点々の **freckle**（フレクル）

ガサガサした肌の **chapped skin**（チャプトスキン）

化学薬品による肌の **rash**（ラッシ）

皮膚に赤くふくらむ **eruption**（イラプション）

皮膚に突起のかたまりができる **wart**（ウォート）

皮膚にある黒い点の **mole**（モウル）

生まれつき皮膚にできた **birthmark**（バ〜スマーク）

足にできるかゆい **athlete's foot**（アスリーツフット）

歯ぐきがはれる **pyorrhea**（パイアリーア）

熱湯を肌にかぶる **scald**（スコールド）

☐ **itch** [itʃ]	かゆみ
☐ **body odor** [bádi óudər]	体臭
☐ **prickly heat** [príkli hi:t]	あせも
☐ **pimple** [pímpl]	にきび
☐ **freckle** [frékl]	そばかす
☐ **chapped skin** [tʃæpt skin]	肌荒れ
☐ **rash** [ræʃ]	かぶれ
☐ **eruption** [irʌ́pʃən]	おでき
☐ **wart** [wɔ:rt]	いぼ
☐ **mole** [moul]	ほくろ
☐ **birthmark** [bə́:rθmà:rk]	あざ（生まれつきの）
☐ **athlete's foot** [ǽθli:ts fut]	水虫
☐ **pyorrhea** [pàiərí:ə]	歯槽膿漏
☐ **scald** [skɔ:ld]	やけど（熱湯・蒸気による）

性器

生命を生みだす **genital organs**
(ヂェニトゥル オーガンズ)

性行為を行う **genitalia**
(ヂェニテイリァ)

股間に生える **pubic hair**
(ピュービクヘア)

男性の長い **penis**
(ピーニス)

皮のかぶった **phimosis**
(ファイモウシス)

セックス経験のない男性の **chastity**
(チャスティティ)

セックス経験のない女性の **virginity**
(ヴァ～ヂニティ)

ペニスが硬直する **erection**
(イレクション)

クライマックスによる **ejaculation**
(イヂャキュレイション)

射精による白い **semen**
(スィーメン)

おたまじゃくしのような **sperm**
(スパ～ム)

垂れ下がる袋の **scrotum**
(スクロウタム)

女性が最も感じる **clitoris**
(クリトリス)

ペニスが入る **vagina**
(ヴァヂャイナ)

99

☐ **genital organs** [dʒénətl ɔ́ːrgənz]		生殖器
☐ **genitalia** [dʒènətéiljə]		性器
☐ **pubic hair** [pjúːbik hɛər]		陰毛
☐ **penis** [píːnis]		陰茎
☐ **phimosis** [faimóusis]		包茎
☐ **chastity** [tʃǽstəti]		童貞
☐ **virginity** [vəːrdʒínəti]		処女性
☐ **erection** [irékʃən]		勃起
☐ **ejaculation** [idʒæ̀kjuléiʃən]		射精
☐ **semen** [síːmən]		精液
☐ **sperm** [spəːrm]		精子
☐ **scrotum** [skróutəm]		陰のう
☐ **clitoris** [klítəris]		陰核
☐ **vagina** [vədʒáinə]		膣

出産

卵子をつくる **ovary**

精子と結合する **ovum**

周期的に繰り返す **ovulation**

赤ちゃんを宿す **uterus**

赤ちゃんを受胎する **pregnancy**

妊娠を避ける **birth control**

無理に胎児をおろす **abortion**

途中で胎児が流れる **miscarriage**

妊娠で止まる **period**

子宮に宿る **fetus**

ムカムカする **morning sickness**

おなかの中で胎児が動く **fetal movement**

出産直前にくる **contraction**

お腹を切り開く **caesarean operation**

100

☐ **ovary** [óuv(ə)ri]		卵巣
☐ **ovum** [óuvəm]		卵子
☐ **ovulation** [àvjuléiʃən]		排卵
☐ **uterus** [jú:t(ə)rəs]		子宮
☐ **pregnancy** [prégnənsi]		妊娠
☐ **birth control** [bə:rθ kəntróul]		避妊
☐ **abortion** [əbó:rʃən]		中絶
☐ **miscarriage** [mìskǽridʒ]		流産
☐ **period** [pí(ə)riəd]		生理
☐ **fetus** [fí:təs]		胎児（妊娠3カ月以後）
☐ **morning sickness** [mó:rniŋ síknis]		つわり
☐ **fetal movement** [fí:tl mú:vmənt]		胎動
☐ **contraction** [kəntrǽkʃən]		陣痛
☐ **caesarean operation** [sizé(ə)riən àpəréiʃən]		帝王切開

いろいろな犯罪

物を盗む **stealing**（スティーリング）

ハンドバッグなどを奪う **snatching**（スナッチング）

お店の商品をそっと盗む **shoplifting**（シャプリフティング）

暴力で金品を奪う **mugging**（マッギング）

人をペテンにかける **fraud**（フロード）

チンピラによる **shakedown**（シェイクダウン）

相手に危害を加える **violence**（ヴァイオレンス）

人生を狂わす怖い **drug**（ドゥラッグ）

麻薬を密売する **pusher**（プシャ）

売人による **drug traffic**（ドゥラッグ トゥラフィク）

人をさらう **kidnaping**（キドゥナピング）

誘拐犯が要求する **ransom**（ランサム）

ゲリラが監禁する **hostage**（ハスティヂ）

テロリストが仕掛ける **bomb**（バム）

101

☐ **stealing** [stiːliŋ]	泥棒
☐ **snatching** [snætʃiŋ]	ひったくり
☐ **shoplifting** [ʃápliftiŋ]	万引き
☐ **mugging** [mʌgiŋ]	強盗
☐ **fraud** [frɔːd]	詐欺
☐ **shakedown** [ʃéikdàun]	ゆすり
☐ **violence** [váiələns]	暴力
☐ **drug** [drʌg]	麻薬
☐ **pusher** [púʃər]	売人（俗語）
☐ **drug traffic** [drʌg træfik]	麻薬の取引
☐ **kidnaping** [kídnæpiŋ]	誘拐
☐ **ransom** [rænsəm]	身代金
☐ **hostage** [hástidʒ]	人質
☐ **bomb** [bɑm]	爆弾

犯罪者

電車内で財布をする **pickpocket**（ピックパケット）

ハンドバッグをひったくる **snatcher**（スナッチャ）

物を盗む **thief**（スィーフ）

家屋に忍び込む **burglar**（バ〜グラァ）

銀行を襲う **robber**（ラバァ）

人をたくみにだます **swindler**（スウィンドゥラァ）

家に火をつける **pyromaniac**（パイアロメイニアク）

暴力をふるう組織的な **gang**（ギャング）

依頼で人殺しをする **assassin**（アサスィン）

罪を犯した **criminal**（クリミヌル）

刑事が追跡する **suspect**（サスペクト）

犯罪を繰り返す **repeat offender**（リピートオフェンダァ）

指名手配された **wanted person**（ワンティドパ〜スン）

刑務所から脱獄した **fugitive**（フューヂティヴ）

102

☐ **pickpocket** [píkpàkit]		スリ
☐ **snatcher** [snǽtʃər]		ひったくり
☐ **thief** [θiːf]		泥棒（こそ泥）
☐ **burglar** [bə́ːrglər]		泥棒（押し込み強盗）
☐ **robber** [rábər]		強盗
☐ **swindler** [swíndlər]		詐欺師
☐ **pyromaniac** [pàiərəméiniæk]		放火魔
☐ **gang** [gæŋ]		暴力団
☐ **assassin** [əsǽsin]		暗殺者
☐ **criminal** [krím(ə)nl]		犯人
☐ **suspect** [sʌ́spekt]		容疑者
☐ **repeat offender** [ripíːt əféndər]		常習犯
☐ **wanted person** [wɑntid pə́ːrsn]		お尋ね者
☐ **fugitive** [fjúːdʒətiv]		逃亡者（刑務所などからの）

被害届

犯罪による **victim**（ヴィクティム）

被害者が受けた **damage**（ダメヂ）

盗難で警察に出す **theft report**（セフトリポート）

被害者が警察に出す **accident report**（アクスィデントリポート）

被害を与えた **assailant**（アセイラント）

被害者がうろ覚えの加害者の **features**（フィーチャズ）

外から見た **appearance**（アピ(ア)ランス）

加害者の全体的な **characteristic**（キャラクタリスティク）

体つきの **figure**（フィギュア）

加害者が着ていた **dress**（ドゥレス）

加害者の髪の **hair style**（ヘアスタイル）

金髪か黒髪かの **color of hair**（カラァ(オ)ブヘア）

ブルーかブラウンかの **color of eyes**（カラァ(オ)ヴアイズ）

怪我による **scar**（スカー）

☐ **victim** [víktim]	被害者
☐ **damage** [dæmidʒ]	被害
☐ **theft report** [θeft ripɔ́:rt]	盗難届
☐ **accident report** [æksədənt ripɔ́:rt]	被害届
☐ **assailant** [əséilənt]	加害者
☐ **features** [fí:tʃərz]	人相（複数形で）
☐ **appearance** [əpí(ə)rəns]	外見
☐ **characteristic** [kæ̀rəktərístik]	特徴
☐ **figure** [fígjər]	体型
☐ **dress** [dres]	服装
☐ **hair style** [hɛər stail]	髪型
☐ **color of hair** [kʌ́lər (ə)v hɛər]	髪の色
☐ **color of eyes** [kʌ́lər (ə)v aiz]	目の色
☐ **scar** [skɑ:r]	傷あと

警察

街を巡回する **police officer**

警官が携帯するピストルと **club**

逮捕で両手にはめる **handcuffs**

連絡を取り合う **walkie-talkie**

車で巡回する **police car**

交通違反者などを追う **police motorcycle**

容疑者を追跡する **detective**

犯罪グループを捜査する **investigator**

臭いで犯人を探し出す **police dog**

容疑者を全国に通知する **all-point notice**

街角に貼られた **wanted poster**

容疑者をぶち込む **detention cell**

警察で撮る犯人の **mug shot**

重要な証拠となる指の **fingerprint**

104

☐ **police officer** [pəlíːs ɔ́(ː)fisər]	警官
☐ **club** [klʌb]	警棒
☐ **handcuffs** [hǽn(d)kʌfs]	手錠（複数形で）
☐ **walkie-talkie** [wɔ́ːkitɔ́ːki]	トランシーバー
☐ **police car** [pəlíːs kɑːr]	パトカー
☐ **police motorcycle** [pəlíːs móutərsàikl]	白バイ
☐ **detective** [ditéktiv]	刑事
☐ **investigator** [invéstigèitər]	捜査官
☐ **police dog** [pəlíːs dɔ́(ː)g]	警察犬
☐ **all-point notice** [ɔːl pɔint nóutis]	全国手配
☐ **wanted poster** [wɑntid póustər]	指名手配ポスター
☐ **detention cell** [diténʃən sel]	留置場
☐ **mug shot** [mʌg ʃat]	顔写真
☐ **fingerprint** [fíŋgərprìnt]	指紋

火災

火の不始末による **fire** (ファイア)

家屋の一部をこがす **small fire** (スモール ファイア)

街が火の海になる **big fire** (ビッグ ファイア)

モクモクと出る **smoke** (スモウク)

メラメラと燃える **flame** (フレイム)

ガスの引火による **explosion** (イクスプロウジョン)

火災で鳴る **fire alarm** (ファイア アラーム)

連絡を受ける **fire station** (ファイア ステイション)

急行する赤い車の **fire engine** (ファイア エンヂン)

機敏に消火活動する **fire fighter** (ファイア ファイタァ)

ホースをつなげる **hydrant** (ハイドゥラント)

消火で使うハンディーな **fire extinguisher** (ファイア イクスティングウィシャ)

消防車から伸びる長い **ladder** (ラダァ)

緊急避難で降りる **fire escape** (ファイア エスケイプ)

105

☐ **fire** [fáiər]	火事
☐ **small fire** [smɔːl fáiər]	ぼや
☐ **big fire** [big fáiər]	大火
☐ **smoke** [smouk]	煙
☐ **flame** [fleim]	炎
☐ **explosion** [iksplóuʒən]	爆発
☐ **fire alarm** [fáiər əláːrm]	火災報知器
☐ **fire station** [fáiər stéiʃən]	消防署
☐ **fire engine** [fáiər éndʒin]	消防車
☐ **fire fighter** [fáiər faitər]	消防士
☐ **hydrant** [háidrənt]	消火栓
☐ **fire extinguisher** [fáiər ikstíŋgwiʃər]	消火器
☐ **ladder** [lǽdər]	はしご
☐ **fire escape** [fáiər iskéip]	非常階段

訴訟

裁判所で行う **trial** (トゥライアル)

個人的な利害を裁く **civil trial** (スィヴル トゥライアル)

刑事事件を裁く **criminal trial** (クリミヌル トゥライアル)

訴えを起こす **suit** (ス(ュ)ート)

損害を受けたときの **damage suit** (ダメヂ ス(ュ)ート)

名誉を傷つけられたときの **libel suit** (ライベル ス(ュ)ート)

離婚するときの **divorce suit** (ディヴォース ス(ュ)ート)

子供の親権を争う **suit for child's custody** (ス(ュ)ート フォ チャイルドズ カストディ)

集団で起こす **class action** (クラス アクション)

刑事事件で起こす **criminal suit** (クリミヌル ス(ュ)ート)

民事訴訟で訴えられる **defendant** (ディフェンダント)

刑事訴訟で訴えられる **the accused** (ズィ アキューズド)

民事訴訟で訴える **plaintiff** (プレインティフ)

刑事訴訟で訴える **accuser** (アキューザァ)

☐ **trial** [tráiəl]	裁判
☐ **civil trial** [sívəl tráiəl]	民事裁判
☐ **criminal trial** [krím(ə)nl tráiəl]	刑事裁判
☐ **suit** [s(j)u:t]	訴訟
☐ **damage suit** [dǽmidʒ s(j)u:t]	損害賠償訴訟
☐ **libel suit** [láib(ə)l s(j)u:t]	名誉棄損訴訟
☐ **divorce suit** [divɔ́:rs s(j)u:t]	離婚訴訟
☐ **suit for child's custody** [s(j)u:t fər tʃaildz kʌ́stədi]	子供引き渡し訴訟
☐ **class action** [klǽs ǽkʃən]	集団訴訟
☐ **criminal suit** [krím(ə)nl s(j)u:t]	刑事訴訟
☐ **defendant** [diféndənt]	被告
☐ **the accused** [ði əkjú:zd]	被告人
☐ **plaintiff** [pléintif]	原告
☐ **accuser** [əkjú:zər]	告訴人

法廷

裁判を行う **court**（コート）

裁判を開廷する **chief judge**（チーフチャッヂ）

裁判で判決を下す **jury**（デュ(ア)リィ）

裁判を傍聴する **observer**（オブザ〜ヴァ）

傍聴人が座る **gallery**（ギャラリィ）

被告を追及する **public prosecutor**（パブリック プラスィキュータァ）

開廷後に行う検察官の **opening statement**（オウプニングステイトゥメント）

被告を弁護する **counselor**（カウンスラァ）

弁護士による被告の **oral proceedings**（オーラル プロスィーディングズ）

証人が座る **witness stand**（ウィトゥネススタンド）

証言台に呼ばれる **witness**（ウィトゥネス）

証人による **testimony**（テスティモウニィ）

検察による証人への **questioning**（クウェスチョニング）

法廷に提出される **material evidence**（マティ(ア)リアル エヴィデンス）

234

107

☐ **court** [kɔ:rt]	裁判所
☐ **chief judge** [tʃi:f dʒʌdʒ]	裁判長
☐ **jury** [dʒú(ə)ri]	陪審員 (集合的に)
☐ **observer** [əbzə́:rvər]	傍聴人
☐ **gallery** [gǽləri]	傍聴席
☐ **public prosecutor** [pʌ́blik prɑ́sikjù:tər]	検察官
☐ **opening statement** [óup(ə)niŋ stéitmənt]	冒頭陳述
☐ **counselor** [káuns(ə)lər]	弁護士 (法廷での)
☐ **oral proceedings** [ɔ́:rəl prəsí:diŋz]	口頭弁論 (複数形で)
☐ **witness stand** [wítnis stænd]	証言台
☐ **witness** [wítnis]	証人
☐ **testimony** [téstəmòuni]	証言
☐ **questioning** [kwéstʃəniŋ]	尋問
☐ **material evidence** [mətí(ə)riəl évədəns]	重要証拠

裁判の判決

陪審員が下す **verdict**（ヴァ〜ディクト）

罪ありと認める **guilty**（ギルティ）

罪なしと認める **not guilty**（ナットギルティ）

裁判で下される **sentence**（センテンス）

判決で言い渡される **punishment**（パニシメント）

お金で刑を科す **fine**（ファイン）

執行猶予のない **jail sentence**（ジェイルセンテンス）

刑務所で服役する **imprisonment**（インプリズンメント）

懲役刑で言い渡される **term of imprisonment**（ターム(オ)ヴインプリズンメント）

死をもって罪をつぐなう **death sentence**（デスセンテンス）

高い塀に囲まれた **prison**（プリズン）

刑務所に投獄された **prisoner**（プリズナァ）

国の慶事による囚人への **pardon**（パードゥン）

恩赦による受刑者の **parole**（パロウル）

☐ **verdict** [və́:rdikt]	評決（陪審員の）
☐ **guilty** [gílti]	有罪（有罪の）
☐ **not guilty** [nɑt gílti]	無罪
☐ **sentence** [séntəns]	判決
☐ **punishment** [pʌ́niʃmənt]	刑
☐ **fine** [fain]	罰金
☐ **jail sentence** [dʒeil séntəns]	実刑判決
☐ **imprisonment** [imprízn mənt]	懲役
☐ **term of imprisonment** [tə:rm (ə)v imprízn mənt]	刑期
☐ **death sentence** [deθ séntəns]	死刑
☐ **prison** [prízn]	刑務所
☐ **prisoner** [príz(ə)nər]	囚人
☐ **pardon** [pá:rdn]	恩赦
☐ **parole** [pəróul]	仮出所

ヤバいくらい使える
日常生活必修英単語

著　者	リック西尾
発行者	真船美保子
発行所	KKロングセラーズ
	東京都新宿区高田馬場 2-1-2　〒169-0075
	電話（03）3204-5161（代）　振替 00120-7-145737
	http://www.kklong.co.jp
印　刷	中央精版印刷　　製　本　難波製本

落丁・乱丁はお取り替えいたします。
※定価と発行日はカバーに表示してあります。
ISBN978-4-8454-5048-0　C0282　　Printed In Japan 2018